Albrecht Gralle

Abstieg in den Himmel

Albrecht Gralle

Abstieg in den Himmel

Die Leiden des jungen Pfarrers W.

Mit Illustrationen von Thees Carstens

neukirchener aussaat

MIX
Papier aus verantwortungsvollen Quellen
FSC® C006701

Dieses Buch wurde auf FSC®-zertifiziertem Papier gedruckt.
FSC (Forest Stewardship Council®) ist eine nichtstaatliche, gemeinnützige Organisation, die sich für eine ökologische und sozialverantwortliche Nutzung der Wälder unserer Erde einsetzt.

Bibliografische Information der Deutschen Nationalbibliothek

Die Deutsche Nationalbibliothek verzeichnet diese Publikation in der Deutschen Nationalbibliografie; detaillierte bibliografische Daten sind im Internet über http://dnb.d-nb.de abrufbar.

2. Auflage 2013

Umschlaggestaltung: Andreas Sonnhüter, Düsseldorf
unter Verwendung eines Bildes von Thees Carstens
Lektorat: Dr. Susanne Roll, Neuenkirchen-Vörden
DTP: Breklumer Print-Service, Breklum
Verwendete Schriften: Kabel, New Baskerville
Druck und Verarbeitung: CPI – Ebner & Spiegel, Ulm
Printed in Germany
ISBN 978-3-7615-5783-9

www.neukirchener-verlage.de

VORWORT

1980 reisten Michael Borkowski und ich, zwei Pfarrer im Vikariat, nach Argentinien, um ein paar Projekte unserer Kirche zu besuchen, die den Indianern im Chaco helfen sollten, Hoffnung für ihren Alltag zu entwickeln.
Die wenigen spanischen Worte, die wir kannten, ließen bei unseren Zuhörern immer große Heiterkeit zurück: „Somos dos pastores alemánes ...", sagten wir, und alle lachten. Wir dachten, es hieße: „Wir sind zwei deutsche Pfarrer." Aber für die meisten Leute hörte es sich anders an: „Wir sind zwei deutsche Schäferhunde."

Auf dieser Reise fuhren wir mit einem der einheimischen Mitarbeiter stundenlang über die hügeligen Straßen der Anden. Eine Kassette spielte dabei eine langsame, sentimentale Musik ab, die ins Kitschige tendierte. Bei dieser Musik fielen uns laufend Geschichten über einen Mann ein, bei dem das meiste, was er anpackte, misslang oder zu skurrilen Ergebnissen führte. Wir erzählten uns gegenseitig diese Geschichten, denn es waren Geschichten, die uns fast zu Tränen rührten. Sie beschrieben das Leben eines Verlierers, der einfach nie gewinnen konnte. Vielleicht haben wir damit unsere eigenen Ängste beschrieben und uns von ihnen distanziert, vielleicht war es einfach nur diese unglaublich sentimentale Musik, die uns inspirierte.

Jedenfalls, die Leiden dieses jungen Pfarrers W. begleiteten uns all die Jahre hindurch. W. war fast schon zu einer realen Gestalt worden. Und jetzt erst fanden wir die Zeit, sein kurzes, erfolgloses Leben aufzuschreiben, das ihm in seiner Erfolglosigkeit aber den Weg ebnete für den Himmel, der für

die offen ist, die alles von Gott erwarten und nicht mit ihren Begabungen herumprotzen.
Inzwischen bin ich überzeugt, dass wir Pfarrer W. eines Tages im Himmel treffen werden.

Da manche Geschichte über W. ohne die Begeisterung meines Freundes Michael Borkowski nicht entstanden wäre, ist dieses Buch ganz besonders ihm gewidmet.

I

Ich hab mich auf der Kanzel nie richtig wohl gefühlt. Einmal ist das Holz nicht gut lackiert und ich fange mir einen Splitter ein, dann ist sie zu niedrig und ich bekomme Rückenschmerzen, so dass ich nach dem Gottesdienst ein heißes Bad nehmen muss und dann wieder sitzen da Leute, die dazu verdammt sind, mir zuzuhören – zwanzig Minuten lang. Ich soll ihnen erzählen, dass sie Sünder sind und so. Ist doch Wahnsinn!

Ich bitte Sie, wer will das an einem Sonntagmorgen hören, während draußen die Vögel singen, Apfelbaumblüten wie Schnee auf den Rasen fallen und Kinder vor Vergnügen kreischen?

Klar, manch einer würde das genießen, volle zwanzig Minuten ununterbrochen vor einem Publikum zu reden. Anna Barscheid, die Frau im Reisebüro zum Beispiel. Seitdem es Internetflüge gibt, ist es dort ziemlich leer geworden.

Aber mir tun die Leute unter der Kanzel leid. Ehrlich! Also hab ich mich immer bemüht, sie bei Laune zu halten, hab zwischendurch mal einen Witz erzählt zum Beispiel, aber es gab immer ziemlich viele Leute, die rausgegangen sind, um zu rauchen. Mindestens zwei Bankreihen waren dann immer leer.

Natürlich hab ich Theologie studiert und all das. Mein Vater hatte mir das vorgeschlagen. Sicherer Job, gutes Gehalt.

Die alten Sprachen hab ich gelernt. Ein bisschen Psychologie haben sie uns auch beigebracht für den Hausgebrauch. Dass wir zum Beispiel jemanden erst einmal ausreden lassen müssen und nicht gleich mit Ratschlägen kommen sollen. Die Leute müssen selber die zündende Idee haben, sonst nützt es nichts. Ein Psychologe, der Rogers hieß, hat das in seinen Büchern bis zum Erbrechen durchgespielt.

Wie meine Frau immer sagt: „Ratschläge sind auch Schläge."

Wir haben Rhetorik gelernt, ein wenig. Ja klar. Man muss mit einer interessanten Sache anfangen und dann ein paar knallige Thesen aus dem Bibeltext rausholen, sie in Frage stellen und sie dann wieder untermauern. Sich bei den Zuhörern jemanden aussuchen und so tun, als würden man nur für ihn oder sie predigen. Auch beim Reden nicht immer nach oben rechts blicken, wo die Lampen hängen, sondern die Leute ansehen.

Ich hab mir wirklich Mühe gegeben. Ehrlich! Hab Stunden bei der Vorbereitung zugebracht, aber es sind jedes Mal zwei Bankreihen während der Predigt rausgegangen, wirklich, jedes Mal.

Sie rauchten draußen. Vielleicht waren sie einfach süchtig und wären bei einem guten Prediger auch rausgegangen. Keine Ahnung. Oder ich habe Raucher angezogen, obwohl ich selbst nicht rauche. Na ja, ab und zu mal schon.

Ich trat in den Neunzigern meine erste Stelle als Pfarrer auf Probe an. Ein kleines Kaff in der Nähe von Hamburg. Und da hab ich Adelheid kennengelernt.

Ich bin oder ich war zu der Zeit ziemlich schüchtern, was Frauen anbetraf. Wusste meistens nicht, was ich reden sollte, wenn ich mit einer Frau allein war und hab mich immer gefragt: Was sollen die Frauen an mir schon finden? Ich sehe langweilig aus, wirke ein bisschen linkisch und mir geht jede Angeberei ab. Außerdem wollen die Frauen doch einen Typen, der was darstellt, oder nicht? Die wollen doch immer sagen: „Mein Mann ist Vorsitzender vom Verein oder hat eine Firma aufgezogen und hat drüben in Frankreich eine Filiale laufen oder er hat eine Goldmedaille im Speerwurf gewonnen!" Oder so was in der Art eben.

Doch wenn die Frauen schon mal einen Pfarrer wollen, dann wollen sie vielleicht auch zu ihrer besten Freundin sagen können: „Mein Mann, ja, das ist der beste Prediger in der Stadt!“ oder: „Er hat einen ambulanten Pflegedienst aufgezogen, ganz nebenbei!“ oder: „Natürlich hat er eine eigene Kolumne in der Tageszeitung!“ oder: „Klar ist er der Vorsitzende des Kindergartens.“

In dieser Hinsicht hatte ich nichts zu bieten. Wie gesagt: Es gingen immer welche raus zum Rauchen.

Deshalb hab ich mir nie Hoffnungen gemacht, dass sich eine Frau an mich ranmachen könnte. Aber ich hab mich getäuscht.

Klar, Adelheid ist nicht direkt eine Schönheit und sie fällt einem nicht auf, wenn man abends durch die Straßen geht. Sie ist der Typ „graue Maus“. Aber wenn man sie näher kennenlernt, hat sie einfach ein paar Qualitäten, die nicht zu verachten sind. Sie redet zwar viel, aber nur, wenn wir allein sind. Das ist für mich entlastend, weil ich eher den Mund halte. Mir fällt nie was ein, was ich sagen könnte, außer wenn ich die Predigt tippe oder wenn mich jemand direkt was fragt.

Aber durch Adelheids Art, einfach und permanent draufloszureden, entstehen bei uns nie peinliche Pausen.

Ich weiß nicht, ob Ihnen schon mal diese Ehepaare aufgefallen sind, die im Café sitzen und sich gegenseitig anöden. Sie sitzen da und jeder, der sie beobachtet, sieht sofort: Das ist Stillstand in höchster Vollendung. Der Motor läuft, aber die Kupplung fehlt.

Das gibt es bei uns nicht. Adelheid redet eben drauflos, doch vieles ist tatsächlich unterhaltsam - auf die eine oder andere Art. Sie überlegt sich zum Beispiel, was die Leute im Café um sie herum so machen. Sie stellt Theorien auf und wir diskutieren dann darüber, ob unsere Theorien übereinstimmen. Einmal hab ich eine ältere Dame gefragt, was sie früher vor ihrem Ruhestand beruflich gemacht hat. Adelheid und ich hatten uns nämlich auf Arzthelferin geeinigt. Ich hab die Dame also höflich gefragt, um zu sehen, ob wir völlig daneben lagen. Sie hat mich angestarrt, als ob ich vom Mars komme und hat dann in ziemlich eisigem Tonfall gesagt, dass sie immer noch Chefsekretärin bei so einem Typ aus der Stadt sei, erst Mitte fünfzig sei und noch lange nicht an ihren Ruhestand denke.

Adelheid hat aber noch mehr Vorzüge. Sie kann zum Beispiel ziemlich gut kochen und sie mag es, wenn ich einmal im Monat mit ihr schlafe. Ich meine, das ist besser als nichts. Also, ich kenne Paare, die machen es nur zweimal im Jahr. Ostern und Weihnachten. Dagegen ist Adelheid ein echter Kracher. Aber sie kann auch beten.

Ich kam also zu meiner ersten Stelle, einer kleinen Gemeinde, die schon seit Monaten auf der Suche nach einem Pfarrer war. Ich muss dazu sagen, dass ein Anfängergehalt natürlich nicht so hoch ist. War wahrscheinlich eine zusätzliche Motivation mich einzustellen, schätze ich.

Die Wohnung lag in Fußentfernung zur Kirche in einem Altbau. Das zweite Klo war auf dem Flur genau zwischen den Stockwerken. Lehmhaus mit Fachwerk. Eigentlich nicht schlecht. Ist ja heute bei manchen der Hit.

Ich dachte mir, dass es gut sei, die Gemeinde erst mal näher kennenzulernen, viele Hausbesuche zu machen und eine anständige Predigt abzuliefern. So gut ich es halt kann.

Um es gleich zu sagen: Die Gemeinde war überaltert. Der Kerl, der vor mir Pfarrer war, hatte die letzten Jahre vor seinem Ruhestand nur abgesessen und nicht mehr viel Neues gebracht.

Die Musik beispielsweise, die war grauenvoll – nichts los. Es gab zwar eine Orgel, doch bei der klemmten die Tasten.

Das allein wäre ja noch nicht so schlimm gewesen, wenn die Frau, die sich Organistin nannte, wenigstens einen Sinn für Takt und Rhythmus gehabt hätte.

Ich kann nicht besonders gut singen, aber die meisten Choräle kriege ich hin, nur hier war das eine Katastrophe. Man singt los und die Orgel hinkt hinterher. Man versucht sich anzupassen und merkt, dass sie plötzlich schon eine Zeile weiter spielt.

Mal spielte Frau Trappe, die Organistin, eine Stelle doppelt so schnell, dann plötzlich wieder langsam. Gerade so, wie es ihr in den Sinn kam. Dachte vermutlich, dass das Singen wie das Sprechen ist. Ich ließ die Sache erst einmal laufen. Man kann nicht alles auf einmal ändern.

Es gab in meiner Kirchengemeinde zwei alte Damen, die besonders nett zu mir waren. Sie luden mich mehrmals zum Kaffee ein. Eine von ihnen konnte einen Käsekuchen machen, der saftig und gleichzeitig fest war, herrlich. Und die Rosinen erst. Sie schmeckten toll nach Rum, aber das wusste die Dame nicht. Ich meine, das mit dem Alkohol. Sie hatte einmal ein Glas mit diesen Rosinen geschenkt bekommen und es war ihr nicht klar, dass die Rosinen in Rum eingelegt waren. Denn sie war strikt gegen Alkohol. Aber die Rosinen fand sie klasse.

„Die haben so einen scharfen, prickelnden Geschmack", sagte sie.

Ich hab sie nicht über die Rosinen aufgeklärt, sondern nur ihren Kuchen gelobt. Und die andere Dame hat sie auch in dem Glauben gelassen, dass es eben besonders aromatische Rosinen seien.

Beim Kaffeetrinken haben die Damen mich ziemlich ausgequetscht, mich zum Beispiel gefragt, ob ich schon eine

Freundin oder Verlobte hätte und ob ich auch richtig an Gott glaube.

Ich fand die Frage ein bisschen seltsam, weil ich ja nun der Pfarrer war und wenn der Pfarrer nicht an Gott glaubt, wer sonst? Ich meine, niemand kommt auf die Idee, in einem Kaninchenzüchterverein zu fragen, ob der Vorsitzende an Kaninchen glaubt, oder?

„Dass Sie an Gott glauben, ist gar nicht so selbstverständlich, Herr Pfarrer", meinte die eine von ihnen, Ruth Gelhaar. „Wir hatten mal einen Pfarrer hier, der hieß Mückenschlag, in den Siebzigern war das, der glaubte nicht an Gott, sondern eher an so eine göttliche Kraft, die durch den Raum schwebt."

Na ja, um es kurz zu machen, nach Gelhaars Erinnerung hatte Mückenschlag behauptet, dass die Menschen dieser Kraft irgendwann mal einen Namen gegeben hätten und zum Schluss sei dann Gott rausgekommen.

Also, ich fand diese Theorie ziemlich daneben. Das hab ich den Damen auch gesagt. So eine Kraft, die kann man ja nicht richtig anreden. Der ist doch alles egal, was man sagt. Außerdem hat eine Regenwolke noch nie einen Menschen erschaffen können. Hab ich Recht? Man kann doch nur etwas so Kompliziertes wie den Menschen machen, wenn man selber eine Umdrehung komplizierter ist und wirklich was drauf hat.

Ich für meinen Teil glaube meistens an Gott. Ich meine nicht an diesen Schwebegott, sondern an den echten, der einen eigenen Willen, Grips und Humor hat.

Obwohl ... ehrlich gesagt, manchmal kommen mir auch Zweifel und ich denke, dass ich mir das alles mit dem Glauben nur einbilde und irgendwo in unserem Leben so eine Art Zufallsgenerator eingebaut ist, der Freud und Leid wild verteilt. Aber das brauche ich ja nicht gerade in der Predigt zu sagen. Das geht keinen was an.

Und dann ist mir neulich der Gedanke gekommen: Dass ich bisher überlebt habe und sogar Geld verdiene und noch nicht ganz untergegangen bin, kann ich mir nur so erklären, dass ein allmächtiger Gott die Hand über mir hält – und zwar ständig. Ich selbst bin der beste Gottesbeweis. Wahrscheinlich ist das überhaupt der Grund meiner Existenz und auch der Grund dafür, dass mein Buch, das ich hier schreibe, von so vielen gelesen wird. Die Leute haben einfach die Schnauze voll, immer nur was von erfolgreichen Leuten zu hören. Die lieben es, wenn es einem anderen noch schlechter geht als ihnen. Ist doch klar.

Aber zurück zu den beiden Damen mit ihren Rumrosinen.

Die andere Dame, Frau Gladow, wollte genau wissen, ob ich schon mal eine Freundin gehabt hätte.

Ich musste es verneinen.

„Und woran liegt es?", fragte sie.

„Keine Ahnung. Vielleicht finden die Frauen mich nicht gut genug", sagte ich und tischte ihnen meine Theorie auf, dass Frauen Männer suchen, die was darstellen und so.

„Oder finden Sie vielleicht", Frau Gladow wechselte mit Frau Gelhaar einen kurzen Blick, der mir nicht entging, „finden Sie vielleicht Männer interessanter?"

Ich erzählte ihnen dann von meinen Männerbekanntschaften, dass wir gemeinsam Flugzeugmodelle gebastelt haben und 'ne Menge Spaß zusammen hatten.

Aber ich merkte schon, dass es Frau Gladow nicht gefiel, wenn ich zuviel Nettes über Männer sagte und wie toll es gewesen sei, die Modelle fliegen zu lassen. Und erst als ich sagte, ich hätte mich mit sechzehn in eine Busfahrerin verliebt, wurde sie wieder freundlich und nickte Frau Gelhaar zu.

Jedenfalls, das nächste Mal, als sie mich einluden, war die Nichte von Frau Gladow dabei: Adelheid.

Ich war zunächst überrascht, aber fand es dann ganz abwechslungsreich, weil Adelheid die Unterhaltung am Laufen hielt.

Ab und zu tauchte dann Adelheid später auch im Gottesdienst auf. Aber sonst war nichts.

Ich habe das Pech, dass ich mich immer in ältere Frauen verliebt habe: In eine Busfahrerin, in meine Lehrerin, in die Verkäuferin bei Edeka oder in die Bibliothekarin, die ich einmal beobachtet hatte, wie sie ihre Brille abnahm und ihre Haare hochsteckte. Ihre Achselhaare waren grau. Das hat mich geschockt und gleichzeitig fasziniert.

Auf jeden Fall gewöhnte ich mich an Adelheid, aber mehr war da nicht. Ich habe nie von ihr geträumt und hätte es mir auch nicht träumen lassen, von ihr zu träumen.

Eines Tages war ein besonderer Gottesdienst. Es war abends und der Weltgebetstag der Frauen. Die beiden älteren Damen waren auch dabei und hatten im Vorbereitungsausschuss mitgemacht. Ich war als einziger männlicher Gast eingeladen worden, musste die Frauen begrüßen und das Programm mitmachen, das sich mit irgendwelchen unbekannten Frauen aus Neuguinea beschäftigte, die bunte Tücher gewebt hatten und Schweine liebten!

Es war kurz vor Ende, als alle plötzlich aufstanden und man sich beim Abschlusslied an den Händen anfassen sollte. Seltsamerweise stand Adelheid plötzlich neben mir. Ich hatte sie vorher gar nicht bemerkt. Weil sich nun alle anfassten, musste ich auch Adelheid anfassen. Ich merkte, dass ihre Hand ziemlich warm und leicht feucht war. Aber egal, das kann vorkommen.

Und nun passierte das Erstaunliche. Als wir das Lied sangen, drückte Adelheid meine Hand immer fester und blickte mich so komisch von der Seite an und da wusste ich, dass bei ihr etwas lief. Plötzlich war mir klar: Neben mir stand eine Frau, die etwas mit mir anfangen konnte, die wusste, dass ich nicht der Vorsitzende vom ambulanten Pflegedienst war und die mitbekommen hatte, dass inzwischen immer mehr Leute während der Predigt nach draußen gingen, um eine zu rauchen. Manchmal sogar drei Bänke. Und trotzdem drückte sie meine Hand. Keine Ahnung, ob sie einfach in dieser Panikphase war, in der eine Frau jeden heiratet, egal wen und wenn es auch ein Zwerg mit Holzbein ist. Aber das war mir in diesem Augenblick egal. Ich spürte ihre Zuneigung wie heißes Wasser, das durch meinen Körper floss.

Okay, ich bin nicht blöd. Natürlich habe ich gemerkt, dass Gladow und Gelhaar was gedreht hatten und es war auch kein Zufall, dass Adelheid plötzlich neben mir stand. Einerlei, sie stand nun mal neben mir und drückte mit ihrer Schweißhand zu und bei mir hatte es gefunkt.

Das Irre daran war, dass wir, als das Lied vorbei war und sich alle setzten, um ein Klavierstück zu hören, also, dass wir beide einfach stehen blieben und uns ansahen. Da hat es eben die ganze Kirche gleich mitbekommen.

Na, und wenn schon. Auf diese Weise war es allen klar und wir mussten unser Verhältnis nicht verheimlichen.

Ein halbes Jahr später haben wir dann geheiratet.

2

Weil Adelheid und ich Sex hatten, blieb es nicht aus, dass sie nach zwei Jahren schwanger wurde. Ich war verblüfft, weil ich gemerkt hatte, dass das, was einem wirklich Spaß macht, zu fantastischen Ergebnissen führen kann.

Man muss also nicht immer nur den untersten Weg gehen, den, der Askese und Verzicht bedeutet. Auch das Vergnügen hat seinen Platz in der Kirche.

Nicht, dass Sie jetzt denken, wir hätten in der Kirche Sex gehabt! Ich meine das ganz allgemein. Jedenfalls gab mir das zu denken und ich merkte, wie mir der dicker werdende Bauch von Adelheid ein ziemliches Stück Selbstbewusstsein gab.

Zum Beispiel habe ich angefangen, ab und zu „Nein" zu sagen, wenn die alte Frau Bongart mit ihrem Rheuma mich wieder einmal fragte, ob ich für sie einkaufen gehe. Endlich hatte ich den Mut, ihr zu sagen, dass Edeka einen Einkaufsservice habe und die Sachen auch ins Haus liefere.

Unter uns gesagt, sie hat von ihrem Mann ziemlich viel geerbt und kann sich das auch leisten. Das hat es für mich natürlich einfacher gemacht, aber sie tut immer so, als müsste sie jeden Cent umdrehen. Und dann denkt sie noch, der Pfarrer sei ihr persönlicher Angestellter, nur weil sie ihre Kirchensteuer bezahlt.

Na ja, vielleicht bin ich in meinem neuen Selbstbewusstsein über das Ziel hinausgeschossen, als ich ihr sagte, dass ich von ihrem Anteil die Müllsäcke kaufte. Sie kam jedenfalls ein paar Wochen nicht mehr zum Gottesdienst. Was soll's.

Die andere Sache, bei der ich mich wenigstens teilweise durchgesetzt habe, war die Geschichte mit der Orgel. Ich hab ein gebrauchtes Keyboard besorgt und Gerold, einen von den Jugendlichen, gebeten, ab und zu im Gottesdienst zu spielen.

Frau Trappe fand es nicht gut und hat rumgemosert, aber ich hab zu ihr gesagt, man müsse die Jugend heranziehen und bei der Stange halten, denn die sind schließlich unsere Zukunft. Dagegen konnte sie schlecht was sagen.

Ja, ich wurde selbstsicherer, denn schließlich habe ich selbst auch etwas für den Fortbestand der Kirche beigetragen, ohne dass ich es direkt beabsichtigt hatte. Ich liebte den runden Bauch von Adelheid! Einer mehr, dachte ich.

Doch genau da sind wir am wunden Punkt angelangt. Der Gottesdienstbesuch war einfach schlecht. Zum Glück kamen die, die während der Predigt rauchten, wieder rein, aber irgendwann hab ich mir gesagt, dass es so nicht weitergehen kann.

Meine Kirche hat fast dreitausend Mitglieder und davon kommen in den Gottesdienst dreißig! Eindeutig zu wenig! Das ist gerade mal ein Prozent.

Man muss sich das mal vorstellen, wenn zum Beispiel zum Kindergarten nur ein Prozent der Kinder kämen, die angemeldet sind! Die Erzieherinnen würden sich doch verarscht vorkommen oder sich dauernd zum Kaffeetrinken treffen.

Aber ich kann das nicht. Ich kann nicht so tun, als würde ich für dreitausend Leute predigen, obwohl nur dreißig kommen.

Adelheid und ich haben hin und her überlegt, was man da machen kann und wir haben einiges auf die Beine gestellt, das können Sie mir glauben. Zum Beispiel hatten wir die Idee eines Drive-in-Gottesdienstes. Das bedeutet, dass man mit dem Fahrrad in den Gottesdienstraum reinfahren kann.

Am Anfang kamen ein bisschen mehr Leute, die neugierig waren und das ausprobieren wollten. Mit dem Fahrrad in die Kirche? Das hat es vorher noch nicht gegeben! Aber es war einfach schwierig, die Räder richtig unterzubringen und es fielen auch mal welche krachend und scheppernd um. Dann ist auch noch jemand aus Versehen die steile Treppe runtergefahren und Herr Ronkert, der eine Beinprothese hat, ist dabei umgefallen.

Also ließen wir das wieder.

Als Nächstes haben wir einen Tier-Gottesdienst angeboten. Die Leute konnten ihre Katzen, Hunde, Hamster und Rennmäuse mitbringen. Aber irgendwie vertragen Hunde keine Orgelmusik. Die meisten fingen an zu heulen und rumzubellen und die Hamster rannten wie verrückt in ihren Rädern herum. Sie können mir glauben, das nervt, wenn die nicht geölt sind.

Also ließen wir auch das wieder.

Doch schließlich hatten wir eine geniale Idee: Jeder durfte einen Gegenstand mitbringen, der zur Besinnung beitragen sollte.

Das war der Hit. Man kann sich gar nicht vorstellen, was die Leute alles anschleppten. Wolle und Stricknadeln zum Beispiel – okay, damit hatte ich fast gerechnet, obwohl mir das dauernde Klicken während der Predigt auf die Nerven ging.

Ein Mann brachte ein paar verwuselte Fetzen von irgendetwas Widerlichem mit und behauptete, das es ein Lammfell sei, auf dem er bereits als Baby gelegen und ihn das unheimlich beruhigt hätte. Das Teil war völlig schmierig und in Stücken. Es roch entsetzlich. Ich persönlich hätte es, wenn überhaupt, nur mit Handschuhen angefasst. Und ganz unter uns:

Mich hätte so ein Dreckslappen nicht beruhigt. Aber das hab ich dem Typen natürlich nicht gesagt. Vielmehr habe ich ihn überschwänglich gelobt und es klasse gefunden, dass er's überhaupt den anderen gezeigt hat.

Ein älterer Herr ließ von seiner Enkelin einen alten Schaukelstuhl hereintragen. Das war ein überaus praktisches Mitbringsel, denn dadurch musste die Enkelin zwangsläufig auch in den Gottesdienst gehen und das wiederum hat Henry und Achmed bewegt zu kommen, weil die Enkelin verdammt hübsch aussah.

Davon abgesehen schleppten die Leute natürlich Kerzen in allen Größen an. Das war zwar nicht so kreativ wie das Lammfell, aber durchaus akzeptabel.

Wir haben es dann so gemacht, dass immer einer pro Gottesdienst seinen Gegenstand vorstellen und erklären durfte. Bei dreißig Leuten macht das dreißig Gottesdienste. Immerhin ein dreiviertel Jahr Programm. Das Gute daran war, dass dann Verwandte kamen, Freunde und andere Neugierige, die sehen wollten, wie einer von ihnen sprach und was er mitgebracht hatte, sodass wir zeitweise einen Besucherrekord von fünfundsechzig Leuten hatten. Fünfundsechszig! In der Zeitung gab es einen großen Artikel mit der Überschrift: Lammfell, Handschuhe und Kerzen – was trägt zur Besinnung bei?

Jetzt fragen Sie sich: Handschuhe? Davon war ja noch gar nicht die Rede. Ich will es schnell nachholen. Eine Frau hatte uns erklärt, dass bei ihr rote Handschuhe beruhigend wirken. Doch wenn ich ehrlich bin, mich regen sie eher auf oder aber an. Kommt immer drauf an, wer sie trägt.

Meine Rolle war in dieser Zeit einfach. Ich hab in der Predigt den Gegenstand aufgegriffen, ein bisschen darüber philosophiert und dann ein Bibelwort eingeflochten. Ich sagte der Gemeinde, dass das eben meine Art ist, mich zu beruhigen und zu besinnen. Ich reagiere eher auf Bibelworte als auf schmutzige, halb verweste Lammfelle oder rote Handschuhe.

So wirkt zum Beispiel der Aufruf, der x-mal in der Bibel steht und *„Fürchte dich nicht"* heißt, ziemlich beruhigend auf mich. Wie ein Mantra kann ich das in Situationen herunterbeten, in denen ich unsicher bin und dann geht es mir gleich besser: Fürchte dich nicht, fürchte dich nicht, fürchte dich einfach nicht!

Jedenfalls, die Aktion war eben richtig gut angelaufen, als wir einen herben Einbruch bei unserer Besucherstatistik verbuchten. Das hing mit Marlis zusammen, die uns eines Sonntags ihre Bienenwachskerzen vorstellte und behauptete, diese Kerze würde zwanzig Stunden brennen und eine dermaßen starke Ruhe verbreiten, dass man es kaum glauben kann.

Wir wollten das nachprüfen und trafen uns Sonntag Abend zu einem Bienenwachsgottesdienst, der uns hervorragend gelang.

Marlis erzählte von ihren Bienen, sie nannte sie immer Gottes Arbeiterinnen. Sie erzählte, wie Gottes Arbeiterinnen das Wachs herstellen und Waben daraus bauen. Marlis meinte, immer, wenn sie diese Kerzen anzündete, stelle sie sich vor, wie fleißig Gottes Arbeiterinnen sind und dass es für sie, also für Marlis, immer beruhigend war, wenn sie wusste, dass andere für sie arbeiteten.

Und es stimmte tatsächlich. Als die Kerzen brannten, sangen wir passende Lieder, wie zum Beispiel: „Auf, denn die Nacht wird kommen", wo es heißt: „Wirket am frühen Morgen, eh's zu spät sein mag."

Wir stellten uns dann vor, dass die armen Arbeiterinnen Gottes Tag und Nacht für uns arbeiteten.

Meine Predigt handelte dann von Gott, der sich so viel Mühe gegeben hat, diese Schöpfung herzustellen, dass er nach sechs Tagen ununterbrochener Arbeit für uns völlig fertig war und sich erst einmal ausruhen musste.

Als wir dann die Bienenwachskerzen anzündeten und wir über den Beamer auch noch ein Bienenvolk an die Wand projiziert sahen, erfasste uns eine solch tiefe Ruhe von innen heraus, dass man sich das nicht vorstellen kann, wenn man nicht selbst dabei gewesen ist.

Nach und nach schliefen wir alle ein. Mir kam es vor wie bei Dornröschen, weil dort ja auch alle eingeschlafen sind, selbst die Fliegen an der Wand.

Jedenfalls schliefen wir alle ein und wurden erst nach einer Stunde wach. Völlig erfrischt. Die meisten waren begeistert und Marlis kam mit der Produktion der Bienenwachskerzen kaum hinterher.

Leider kamen daraufhin immer weniger Leute zum eigentlichen Gottesdienst. Erstens hatte es ihnen abends besser gefallen (das frühe Aufstehen blieb weg) und zweitens konnten sie sich nun mit den Bienenwachskerzen zu Hause selbst beruhigen und brauchten den Gottesdienst nicht mehr.

Unsere durchschnittliche Besucheranzahl belief sich dann auf etwa zwanzig.

Weil der Gottesdienstbesuch so schlecht war, schloss ich mich aus lauter Verzweiflung einer neuen Gruppe an, die ich im Internet entdeckt hatte. Es waren Leute, die sich KSBler nannten, das bedeutet Kirchenschrumpfungsbewegung. Sie meinten, es sei die Zeit gekommen, in der die Kirchen sich gesundschrumpfen müssten. Es sollte ein heiliger Rest übrigbleiben, aus dem Gott dann Neues erschaffen würde. Man sollte sich von dem Erfolgsdiktat der Zahlen frei machen und stolz darauf sein, wenn die Mitgliederzahlen weniger wurden. Die Gruppe nannte sich auch 1211. Sie hatten diesen Namen gewählt, weil, wie sie sagten, Jesus mit zwölf Jüngern angefangen hätte und zum Schluss seien es elf gewesen, nachdem sich Judas umgebracht hatte.

Sie sagten auch, Jesus hätte es eben vorgemacht, wie die Sache läuft. Man kann nur wachsen, wenn man vorher schrumpft. Erst durchs Tal, dann auf den Berg sozusagen. Vom geknickten Rohr zur Pipeline. Und schließlich gibt es keine Auferstehung, ohne dass jemand vorher tot war.

Das sollte einem zu denken geben.

Außerdem, sagte die Gruppe 1211, sei die Kirche keine Firma, die unbedingt wachsen müsse. Nirgends in der Bibel wird uns versprochen, dass die Kirchen bis zum Anschlag voll sein müssen. Im Gegenteil: Der Misserfolg sei das Kennzeichen von echtem christlichem Leben. Denn unsere Erfolgsgeilheit müsse durchkreuzt werden.

Na ja, so in dieser Art war der Inhalt ihrer Artikel im Internet. Von ihrem Rundbrief ganz zu schweigen, der auch schon rückläufig war. Es schien fast so, als würde bei den KSBlern alles schrumpfen.

Nun gut, trotzdem wollte ich dann auch mal zu einem Treffen von 1211 hingehen, die in Hamburg Harburg eine Filiale hatten. Aber als ich ankam, sagte der Hausmeister, die Gruppe habe sich eben aufgelöst, denn sie sei jetzt zu klein geworden. Es lohne sich nicht mehr. Früher wären ungefähr fünfzig von diesen frustrierten Typen zusammengekommen, aber nach und nach wären es immer weniger geworden, sagte er.

Den Leiter, einen Herrn Flachmann, sagte der Hausmeister, hätte er sowieso nie leiden können. Er hatte immer fleckige Grobkordhosen getragen und nach Vanille gerochen.

An dem Tag, als ich erfuhr, dass es die Kirchenschrumpfungsgruppe nicht mehr gab, war ich so fertig, dass ich mich nicht aufraffen konnte, gleich nach Hause zu gehen. Stattdessen ging ich in meine Kirche, setzte mich in die letzte Reihe und rauchte eine Zigarette nach der anderen. Zumindest ich hatte das Privileg, hier drinnen rauchen zu dürfen!

Ich hab die Schachtel einfach aus einem Hohlraum unter der Treppe genommen, wo Klaus, unser Kettenraucher, sie immer versteckt hielt. Ich wurde zum Dieb und auch das war mir heute egal!

Ich saß da und rauchte so vor mich hin und dann kamen mir die Tränen. Einfach so, es war buchstäblich zum Heulen.

Nach einer halben Stunde habe ich die Zigarettenstummel und die Asche im Bioeimer unter der Spüle entsorgt und bin dann nach Hause gegangen. Adelheid hat sofort den Zigarettenqualm an mir gerochen. Ich hab ihr dann alles gebeichtet, doch zu Wort gekommen bin ich nicht wirklich. Schon hat sie begonnen mir zu erzählen, was sie so gemacht hat. Keine großartigen Sachen, aber wenn Adelheid redet, ist es so, als ob man neben einem Bach sitzt. Man muss gar nicht alles verstehen, aber es ist beruhigend.

Mitten in der Nacht klingelte das Telefon. Ich war noch ganz benommen, als ich abnahm. Es war unser Hausmeister, der mich informierte, dass die Kirche in Flammen stand.

Auch er hatte mich gesehen, als ich abends noch in die Kirche gegangen war, und hatte den Zigarettenrauch gerochen.

Ich zog mich schnell an und fuhr hin.

Es war grauenhaft. Die Feuerwehr war schon im Einsatz.

Das Dach war mehr oder weniger kaputt und die Wasserschäden würden riesig sein.

Leider war unsere Kirche nicht feuerversichert, sodass wir bei der Renovierung viel in Eigenarbeit leisten mussten. Das Dach hätte früher oder später sowieso erneuert werden müssen, also warum das Ganze nicht als göttlichen Anstoß sehen?

Nachdem alles wieder fertig war, habe ich gedacht, dass ich einen besseren Draht zu den Leuten hätte. So mit anfassen, zupacken, hart arbeiten, das macht irgendwie vertrauter und gleicher. Doch ich hatte mich wohl getäuscht, denn der Kirchenvorstand hat mir nach den Reparaturen nahe gelegt zu gehen. Irgendwie hatte sich die Geschichte verbreitet, ich hätte nachts in der Kirche geraucht und die Kippen in der Altpapiertonne entsorgt.

Ich war an dem Tag, als sie mir sagten, ich solle gehen, ziemlich deprimiert und habe Gott um ein Zeichen gebeten. Es kam! Als ich auf eine rote Ampel zufuhr, wurde sie gleich grün. Ich musste nicht anhalten, es ging weiter und ich wusste, dass es irgendwie auch mit mir, mit Adelheid und unserem ungeborenen Kind weitergehen würde.

3

Der Umzug einige Monate später entwickelte sich zu einer Tortur!

Wir waren in Sachsen angekommen – in einem Ort, der den klangvollen Namen Untermöckelsmühl trug. Das ewige Herumschleppen von Kartons hat dem dicken Bauch von Adelheid schließlich den Rest gegeben und Friedrich auf die Welt getrieben.

War einmalig, so ein winziges Kind im Arm zu halten! Apropos Arm, den hab ich mir gleich in der ersten Woche hier verstaucht.

Anfangs war ich ziemlich glücklich in meinem neuen Kirchspiel und hab es einfach nicht ernst genommen, dass die Kanzel voller Holzwürmer war. Doch eine Woche später brach sie zusammen. Zum Glück hab ich mir nur den Arm verstaucht und nicht gebrochen. Das wär's ja noch gewesen. Die Schar, die ich zu betreuen hatte, war nicht besonders groß, aber sie versuchte, so gut es ging, ihren neuen Pfarrer zu trösten. Es gab keine andere Kirche weit und breit, sodass unser Kennenlernen ziemlich überschaubar war.

Aber dann tauchte Gertrud Semmelrogge auf. War atheistisch aufgewachsen und hatte den christlichen Glauben von ihrem Tankwart vermittelt bekommen. Sie war eine Frau mit dunklen Augenbrauen, die manchmal bedrohlich wirkten. Und nun wollte sie also getauft werden.

Erwachsene hatte ich noch nie getauft. Wie sollte das funktionieren? Man kann sie ja schlecht im Arm über die Taufschale halten, ohne sich einen Bruch zu heben.

Ich schlug also in einem theologischen Lexikon nach und

las, wie die das früher gemacht haben, denn am Anfang, zur Zeit der Apostel, waren die Leute ja auch erwachsen gewesen. Ich meine, als sie Christen wurden.

Draußen stürmte der Herbst und der Regen prasselte gegen die Scheiben, während ich las. Aber den Regen hab ich gar nicht mehr gehört, weil ich alles um mich herum vergaß. Ich las nämlich gerade, wie im 6. Jahrhundert Erwachsene und Kinder getauft wurden. Alle wurden nackt ausgezogen, dreimal ganz untergetaucht. Vorher mussten sie das Glaubensbekenntnis aufsagen, anschließend wurden sie weiß angezogen und in die Messe geschickt.

Ich war geplättet. Ich weiß noch, wie ich zur Zimmerdecke hinaufgeschaut und geflüstert habe: „Mein Gott, sie wurden nackt getauft."

Da kam mir eben diese geniale Idee, die mich einfach nicht mehr losließ: Ich würde nach 1500 Jahren die erste Nackttaufe praktizieren, nach altkirchlichem Ritus! Einfach genial! Das würde die Leute schon in die Kirche locken.

Nach langem Hin und Her und viel Gerede hab ich schließlich den Kirchenvorstand und den Bischof überzeugen können. Schließlich würde das eine irrsinnige Werbung für unsere Kirche sein.

Na ja, und dann musste ich natürlich Frau Semmelrogge informieren. Besser gesagt, ich musste Gott an ihr wirken lassen. Ich lud sie zu einem Tee ein. Als sie um halb vier klingelte und sie vor mir stand, sah ich sie mit ganz neuen Augen. Immerhin brauchte man sich für die Figur von Frau Semmelrogge nicht zu schämen. Ich habe dann versucht, ihr die Sache schmackhaft zu machen, aber je mehr ich redete, desto dichter rückten ihre Augenbrauen zusammen, bis sie völlig entgeistert rief:

„Herr Basdor, nu hernse mal, soll isch misch also nacksch daufn lassn?"

So in der Art sprach sie immer. Manchmal verstand ich sie nicht gleich.

„Aber Frau Semmelrogge", hab ich gesagt, „jetzt denken Sie doch mal darüber nach. Das ist ein neuer Abschnitt in der Kirchengeschichte. Und wenn Sie in das Wasser steigen, dann ..."

Aber sie unterbrach mich und stieß erregt die Worte aus: „Nee, Herr Basdor, nee, nee, das gense von mir nisch verlang, da werdsch eher gadoolsch!"

Allmählich wurde ich nervös. Sollte das neue Kapitel der lutherischen Kirchengeschichte an der Borniertheit dieser Frau scheitern? Ich überlegte, wie ich Gott noch stärker an ihr wirken lassen konnte, da kam mir ein Gedanke.

„Frau Semmelrogge", sagte ich beschwichtigend, „natürlich müssen Sie sich nicht vor allen Leuten ausziehen, das versteh ich ja. Wir werden eine spanische Wand vor das Taufbecken stellen und erst, wenn sie im Wasser stehen und man nur ihre schönen Schultern sieht, wird die Wand zurückgeschoben. Und bedenken Sie", sagte ich und fixierte ihre Augenbrauen, „die Presse wird dabei sein, wahrscheinlich das Fernsehen. Die Bilder dieser Tat werden auf der ganzen Welt zu sehen sein!"

Ich sah mit Erleichterung, wie sich die Augenbrauen von Frau Semmelrogge entspannten, als sie diese neue Dimension ihrer Taufe begriff. Aber sie hatte immer noch Bedenken und fragte ängstlich: „Aber wennsch nu ausm Wasser rausgomme, dann binsch doch widdr dotal naggsch."

Ich nickte.

„Es wird uns bestimmt noch etwas einfallen", versicherte ich ihr, „jemand könnte sie zum Beispiel sofort mit einem weißen Bademantel einhüllen. Glauben Sie mir, das ist eine Tat, die bahnbrechend sein wird für die gesamte Kirche. Ihr

Name wird dabei immer genannt werden. Sie wären die erste, mutige Frau, die nach über 1500 Jahren diesen Schritt hin zum ursprünglichen, altkirchlichen, nackten Ritus tun würde. Ich glaube, dass diese Taufe das Ereignis des Jahres sein wird, das spüre ich ganz tief in mir."

Man muss so in der Art mit den Leuten reden, das kommt an. Zum Beispiel dieser Satz: „Das spüre ich ganz tief." Der hat bisher immer gewirkt.

Natürlich fand ich es toll, im Ökumenischen Arbeitskreis von der Erwachsenentaufe zu berichten. Die Kollegen waren geplättet, und Herbert Wolkenstein, der Baptist, nickte mir anerkennend zu. Für ihn war die Ganzkörpertaufe natürlich nichts Neues, doch ich spielte nun meine Trumpfkarte aus und sagte:

„Natürlich werde ich keine freikirchliche Taufe durchziehen. Ich bleibe nicht bei dem bürgerlich, verwässerten Ritus der Baptisten stehen, sondern werde nach altkirchlichem Ritus taufen und zwar nackt."

Alle schwiegen. Erst dachte ich vor Ergriffenheit, aber dann merkte ich, wie die Kollegen sich vielsagend anblickten, als ob ich nicht ganz dicht sei und Wolkenstein ließ sich sogar herab, Vorschläge zu machen:

„Vergessen Sie die Bleischnur im Saum nicht", sagte er.

Keine Ahnung, was er damit meinte.

Mit Herrn Knebelbart, dem Küster, gab es auch noch eine kleine Auseinandersetzung, weil ich zu ihm sagte, er solle eine extra starke Sonnenbrille aufsetzen, da Frau Semmelrogge es bestimmt peinlich fände, wenn er sie beim Ausziehen kurz nackt sehen würde.

„Wenn ich eine Sonnenbrille trage, dann müssen Sie auch eine tragen", sagte er. „Sie sehn die Frau doch auch nackt.

Außerdem", setzte er mit einem frivolen Grinsen hinzu, „bin ich mir nicht ganz sicher, welche Motive eigentlich hinter dieser Taufe stecken. Ich finde es etwas pervers, wenn eine nackte Frau im Wasser vor Ihnen knien muss!"

Das fand ich ziemlich frech und ich sagte mit erhobener Stimme:

„Herr Knebelbart! Das ist eine rein geistliche Veranstaltung. Außerdem, wie sieht das denn aus, wenn ich bei der Taufe eine Sonnenbrille trage?"

„Wenn Sie keine tragen, trage ich auch keine!", kam die Antwort.

„Gut, dann werde ich mich so lange umdrehen, bis Frau Semmelrogge im Wasser steht", lenkte ich ein, „aber von Ihnen verlange ich eine Sonnenbrille! Das spüre ich ganz tief in mir."

Somit war alles vorbereitet für diese bahnbrechende Taufe, die dann auch tatsächlich stattfand. Vielleicht fragen Sie sich, warum sie nicht in den kirchlichen Nachrichten davon gehört haben?

Das werde ich jetzt versuchen zu erklären. Am besten, ich erzähle alles der Reihe nach.

Die Kirche war bis auf den letzten Platz besetzt. Das war schon mal gut und das lokale Fernsehen war auch da, Leute mit Videokameras standen am Rand herum. Das war die absolute Werbung für unsere Kirche.

In der Apsis hatten wir einen mobilen Swimmingpool aufgebaut, den mir das Sportgeschäft ausgeliehen hatte und die Landfrauen hatten kleine Fische an den Rand geklebt, um das Christliche zu betonen.

Während das Lied angestimmt wurde: „Ins Wasser fällt ein Stein ...", stand ich langsam auf und ging zu dem Bassin hinüber, an welchem eine Doppelleiter stand. Ich war total aufgeregt und kletterte etwas unbeholfen in den Pool.

Ab diesem Augenblick lief die Sache irgendwie aus dem Ruder. Mein schwarzer Tauftalar breitete sich auf der Wasseroberfläche aus wie eine dunkle Seerose mit einem Gesicht in der Mitte - in diesem Fall meins. Vergeblich versuchte ich, den weiten Stoff unter das Wasser zu drücken. Es ging nicht. Offensichtlich war der lutherische Tauftalar durch und durch lutherisch geblieben und ließ sich keine ganzheitliche Taufe gefallen.

Jetzt erst begriff ich, was Wolkenstein, der Baptist, meinte, als er gesagt hatte: „Vergessen Sie die Bleischnur im Saum nicht."

Es war zu spät. Ich verdrückte mich so weit wie möglich an den Rand und sah, wie Gertrud Semmelrogge näher kam.

Jetzt trat Knebelbart in Aktion. Er zog seine Sonnenbrille auf, huschte mit gebeugtem Oberkörper zu der spanischen Wand und zog sie quietschend zurück. Alle Kameras richteten sich auf ihn. Es sah irgendwie gefährlich aus, als ob Knebelbart von der Mafia engagiert worden war.

Ich drehte mich um, damit mich die nackten Reize von Frau Semmelrogge nicht aus der Fassung brachten, während sie den Bademantel abwarf.

Von den Bänken hörte ich ein leises Kichern. Ich drehte mich halb um und sah die nackte Silhouette von Gertrud Semmelrogge auf dem hellen Bezug der spanischen Wand abgebildet, denn die Sonne umleuchtete die Szene wie mit einem überirdischen Licht.

Ich schloss die Augen und dachte: Dann hätten wir auch die spanische Wand ganz weglassen können.

Ich hörte Wasserplatschen und als ich mich ganz umdrehte, kniete Gertrud Semmelrogge, die sächsische, unerschrockene Taufwillige, im Wasser und nur ihre schönen Schultern schauten heraus. Langsam fuhr die spanische Wand zur Seite, während Gertrud ärgerlich den schwarzen

Talar mit den unnachahmlichen Worten zu Seite schob: „Dunse den Stoff da weg!"

Aber ich ließ mich jetzt nicht mehr irritieren, sprach die Taufformel, legte die Hand auf die Schulter von meinem Täufling und wartete, dass sie ganz untertauchte.

Aber das hatte sie offensichtlich vergessen. Sie beugte nur leicht ihren Kopf.

„Sie müssen ganz untertauchen", flüsterte ich.

Aber sie begriff anscheinend nicht.

„Taufen bedeutet untertauchen", sagte ich etwas lauter und mit Nachdruck, „das spüre ich ganz tief!" Gleichzeitig versuchte ich ihren Kopf mit sanfter Gewalt unter die Wasseroberfläche zu drücken.

Aber ich hatte nicht mit der inneren und äußeren Kraft von Semmelrogge gerechnet. Sie stieß wütend hervor: „Griffl weg von meinen Haarn. Für die Frisur hab isch vierzsch Euro bezahlt!"

Ein letztes Mal sagte ich mit fester Stimme: „Ganz untertauchen! Das ist ein Befehl!"

Das war zuviel. Sie drehte sich um und sagte laut und deutlich: „Isch verdufte!"

Mit letzter Kraft warf ich noch ein paar Tropfen Taufwasser auf ihre Frisur und drehte mich um.

Jemand kam mit dem Bademantel. Wahrscheinlich eine der Frauen und half der Semmelrogge hinein.

Ich stieg dann ebenfalls aus dem Wasser. Keine Ahnung wie das aussah. Als ob eine Krähe aus Versehen ins Wasser gefallen ist und versucht, wieder herauszukommen. Im Hintergrund sah ich noch, wie Knebelbart – immer noch bebrillt – über ein Seil stolperte und der Länge nach hinschlug. Schnell verschwand ich in der Sakristei, zog mich zitternd um und brachte dann den Gottesdienst irgendwie zu Ende.

Adelheid steckte mich danach ins Bett, gab mir heiße Zitrone zu trinken und redete so lange über irgendetwas Belangloses, bis ich eingeschlafen war.

Als ich aufwachte und Zeit hatte, über alles nachzudenken, war ich nicht nur sauer auf Gertrud Semmelrogge, sondern auch auf Gott.

Hätte er diese Blamage nicht verhindern können? So kurz vor einem historischen Datum versagt zu haben, war mehr als ich ertragen konnte. Tränen der Wut und Enttäuschung schossen mir aus dem Kopf. Und auch das leise Schmatzgeräusch von Friedrich, den Adelheid neben mir stillte, tröstete mich nicht.

Ich traute mich tagelang nicht auf die Straße.

4

War gerade damit beschäftigt, Leuchtkreuze aus Pappe für Geburtstagsgeschenke einzupacken, als das Telefon klingelte. Ich hasse Geburtstage, aber es gehört nun mal zu meinem Job hinzugehen und den Leuten zu gratulieren. Damit ich nicht jedes Mal neu überlegen muss, was man den Leuten schenkt, habe ich mir dieses Jahr die Masche mit den Leuchtkreuzen aus Pappe ausgedacht. Die werden im Schlafzimmer an die Decke geklebt und leuchten dann abends beim Einschlafen. Die Geschenke zahlt natürlich die Kirche. Letztes Jahr habe ich Bücher mit Sinnsprüchen verschenkt für einen Euro. Die waren ziemlich billig, weil jemand so einen Stempel draufgeknallt hatte, auf dem *Mängelexemplare* stand. Ich habe aber keine Mängel entdeckt. Außerdem waren die Bücher gebunden und hätten normalerweise mindestens zehn Euro gekostet. Den Betrag von einem Euro hielt ich für angemessen, sodass sich die Kirchenfinanzen sanieren konnten. Obwohl es auch in diesem Fall wieder einmal Stimmen gab, die sich bei der Kirchenleitung beschwerten. Man kann den Leuten nichts recht machen.

Hab mal gelesen, dass früher nicht die Geburtstage, sondern die Todestage der Christen gefeiert wurden. Das finde ich viel praktischer: Keine mühsame Konversation, keine Geschenke. Kein Dauergrinsen mit Gesichtsmuskelkater hinterher. Man zündet eine Kerze an, spricht ein Gebet und die Sache ist erledigt.

Bei Geburtstagen muss man ständig irgendwie freundlich sein und so tun, als ob man sich freut, dass jemand ein Jahr älter geworden ist. Aber ich meine, jeder weiß doch, dass die meisten Leute es hassen älter zu werden, außer wenn man siebzehn ist und endlich Auto fahren will.

Beerdigungen finde ich viel entspannter. Man kann sein Gesicht gehen lassen und ausdruckslos herumsitzen, ohne dass es die anderen stört. Keiner erwartet ein Lächeln. Im Gegenteil – je missmutiger man aussieht, desto besser.

Jedenfalls, bei diesen Geburtstagen sitze ich dann als Pfarrer zwischen irgendwelchen Leuten, die ich noch nie gesehen habe und muss auf „small talk" machen. Bei den Älteren wird von mir sogar eine Andacht erwartet, obwohl die meisten Gäste keine Lust darauf haben.

Total seltsam, dass man denkt, man müsste etwas machen, obgleich man dazu keine Lust hat. Na ja, ist ja egal.

Jedenfalls, das Telefon klingelte, als ich gerade das vierzigste Leuchtkreuz eingepackt hatte. Ich nahm den Hörer und eine hektische Frauenstimme fragte mich, ob ich Pfarrer Dankwart W. sei.

Ich musste die Frage bejahen, denn schließlich war ich Pfarrer Dankwart W., auch wenn ich in diesem Moment überhaupt keine Lust aufs Telefonieren hatte. Doch die Frau fing schon an zu erzählen, dass sie vom Fernsehen sei und dass sie mich fragen solle, ob ich Interesse hätte, das Wort zum Sonntag zu sprechen.

Ich dachte zuerst, dass die Frau einen Knall hat oder dass man mich reinlegen wollte und brachte keinen Ton heraus. Ausgerechnet der Pfarrer, bei dem die Leute während der Predigt rausgehen und rauchen, sollte im Fernsehen sprechen? Das war doch total abgefahren. Das wäre so ähnlich, als ob man Heino fragen würde, ob er in einer Wagneroper auftreten wolle.

„Hallo! Sind Sie noch dran?", fragte die Frau mit aufgeregter Stimme.

„Ja, ich ... bin nur überrascht“, nuschelte ich.

„Das kann ich mir vorstellen“, trötete die Frau, „hören Sie, das ist eine neue Idee. Wir möchten gerne jungen, unbekannten Pfarrern an zwei Samstagen die Gelegenheit geben, im Fernsehen zu sprechen. Dr. Mückenschlag, der sonst das Wort zum Sonntag spricht, wird Sie dann beraten. Jedenfalls ist die Wahl auf Sie gefallen.“

„Aha“, brachte ich mühsam hervor und fragte mich im gleichen Moment, wieso wohl die Wahl auf mich gefallen war.

„Wären Sie denn dazu bereit?“, fragte die Frau.

„Hören Sie“, sagte ich, „das muss ein Irrtum sein. Eine Verwechslung. Ich bin kein toller, charismatischer Redner, bei mir gehen die Leute während der Predigt sogar raus.“

„Das macht nichts“, sagte sie, „beim Fernsehen sehen Sie ja nicht, ob die Leute rausgehen oder nicht.“

Ich dachte darüber nach und sagte schließlich: „Sie haben recht.“

„Also“, meinte sie, „können Sie denn am nächsten Montag nach Hannover kommen, sodass wir einen ersten Kontakt zwischen Ihnen und Herrn Dr. Mückenschlag herstellen können?“

Ich überlegte. Montags hatte ich normalerweise nichts vor.

„Ja. Doch“, murmelte ich und tat so, als überlegte ich ernsthaft.

„Um 15 Uhr?“, fragte die Frau.

„Geht“, sagte ich.

„Gut, ich schicke Ihnen die Adresse und alle Infos, die Sie brauchen, zu“, erwiderte die Frau. „Melden Sie sich dann in Zimmer 201 direkt bei Dr. Mückenschlag. Machen Sie es gut! Zimmer 201!“

Ich hörte das Tuten aus dem Hörer, drückte auf den Knopf und stellte das Teil in die Basis.

„Wer war es denn?“, fragte Adelheid, die Friedrich auf dem Arm trug und auf ihrer linken Schulter einen feuchten Fleck hatte, wie immer in letzter Zeit.

„Tja, also, ich kann es noch gar nicht glauben“, sagte ich zu ihr, „aber stell dir vor, das Fernsehen rief an und fragte mich, ob ich nicht für zwei Samstage das Wort zum Sonntag sprechen möchte.“

„Was? Aber das ist ja fantastisch!“, freute sich Adelheid und lächelte.

Ich wiederum freute mich ehrlich gesagt für Adelheid, weil sie jetzt immerhin sagen konnte: „Ach, und übrigens, mein Mann spricht das Wort zum Sonntag.“

Das hatte sie wirklich verdient. Sie sorgte für mich und unser Kind, hielt mich bei Laune, was nicht immer einfach war und nun sollte sie endlich belohnt werden. Wenn eine ihrer Freundinnen damit angäbe, dass ihr Mann jetzt Vorsitzender vom *Verein zur Verhütung von Darmkrebs ist*, dann konnte Adelheid nun mit dem Wort zum Sonntag zurückschlagen.

Mir war plötzlich seltsam zumute, meine Beine fühlten sich weich an und ich setzte mich. Mir kam es fast so vor, als ob ich im Lotto gewonnen hätte. War das eine Glückssträhne? Eine Erfolgswoge, die mich über den armseligen Alltag hinaushob, in eine Welt voller Kameras und Einschaltquoten?

Wenn alles stimmte, dann müsste ich in den nächsten Tagen Post bekommen und sich alles bestätigen. Wenn nicht, dann war es wohl doch nur ein Scherz gewesen.

Sofort nach dem Telefonat stürmten tausend Gedanken auf mich ein. Was sagt man beim Wort zum Sonntag? Etwas Heiteres, Aufbauendes oder etwas Ernstes? Was zieht man an? Anzug? Talar? Oder einen dieser Psychologenpullover mit scheußlichen Farben und großen geometrischen Mustern, wie sie Eugen Drewermann gerne trägt?

Eigenartig, dass ausgerechnet der Vorgänger meiner ersten Stelle, Dr. Mückenschlag, beim Fernsehen gelandet ist. Von dem, was mir damals die Leute aus dem Frauenklub erzählten, war er eigentlich als Pfarrer nicht gut angekommen. Die Raucher waren zwar während seiner Predigt sitzen geblieben, aber hinterher haben sie doppelt so viel geraucht, um sich zu beruhigen. Ich frage mich, was besser ist.

Ob mich Mückenschlag kannte? Hatte er vielleicht einmal unerkannt unter meinen Zuhörern gesessen? Aber dann müsste er doch wissen, dass ich ein miserabler Prediger war. Oder glaubte er an mich? Sah er in mir einen zukünftigen begabten Redner?

Ich war etwas beschämt, weil ich mich daran erinnerte, wie schlecht ich von ihm selbst gedacht hatte.

Mit diesen und noch mehr Gedanken in meinem Kopf, fieberte ich dem Montag mit einer Mischung von Vorfreude und Angst entgegen. Ein Brief hatte übrigens das Telefongespräch bestätigt. Es war also kein Scherz gewesen.

Ich überlegte die ganze Zeit auf der Fahrt nach Hannover, was Mückenschlag von mir eigentlich erwartete.

Am Tag vorher war ich extra beim Friseur gewesen, um mir eine Frisur schneiden zu lassen, die man mit Gel bearbeiten konnte. Anschließend hatte ich mir ein schwarz glänzendes Hemd gekauft, mit Metalldruckknöpfen, wie ich es neulich bei Teenagern gesehen hatte. Ich wollte auf jeden Fall jugendlich aussehen.

Ganz locker und gelassen würde ich da sitzen und Mückenschlag reden lassen, das war meine zurechtgelegte Taktik. Meistens hatten solche Leute ein großes Redebedürfnis und dann würde ich irgendwo einen Satz einfließen lassen, den ich mir vorher genau überlegt hatte: „Eigentlich habe ich keine Zeit für diesen Fernsehkram, aber man will ja seinen guten Willen zeigen."

Auf keinen Fall wollte ich den Eindruck entstehen lassen, ich hätte auf so einen Auftritt gewartet.

Aus dem Internet hatte ich mir ein paar Andachten von Dietrich Bonhoeffer ausgedruckt. Ist immer gut, was in der Hinterhand zu haben.

Ich fand das Gebäude auf Anhieb und sagte dem Mann im Glaskasten, dass ich einen Termin bei Dr. Mückenschlag hätte.

Und tatsächlich saß in Zimmer 201 dieser Mann persönlich. Ich hatte ihn ja nur ab und zu im Fernsehen gesehen und merkte jetzt, dass er älter aussah, als ich gedacht hatte.

Wir begrüßten uns und ich sagte: „Ich hatte Sie mir ganz anders vorgestellt."

„So?", sagte Mückenschlag und lächelte breit. „Alt und hässlich, was?"

„Nein. Im Gegenteil", flutschte es aus meinem Mund heraus, bevor ich es aufhalten konnte.

Es entstand eine kleine Pause und in diesem Moment nahm ich mir vor, nicht immer alles zu sagen, was ich dachte, auch wenn es der Wahrheit entsprach.

„Das stimmt wirklich", schob ich nach, um es wieder gut zu machen, „die Typen beim Fernsehen haben es voll drauf, alte Leute jung zu schminken."

Mückenschlag lächelte gezwungen und ich biss mir auf die Unterlippe.

Halt einfach deinen Mund, Dankwart, dachte ich, folge lieber deiner Strategie und lass ihn reden!

„Nun, Pfarrer W.", sagte Mückenschlag und ging auf das Thema überhaupt nicht mehr ein, „wie ich gehört habe, sind Sie in derselben Kirche gewesen, in der auch ich unserem Herrn gedient habe."

„Richtig…"

„Darum freue ich mich umso mehr, dass die Wahl für unser kleines Experiment auf Sie gefallen ist", fuhr Mückenschlag fort.

„Na ja", sagte ich und strich über mein Kinn, „eigentlich habe ich keine Zeit für diese Dinge, aber man will ja seinen guten Willen zeigen ..."

Mückenschlags Augenbrauen gingen leicht nach oben.

Der Satz hatte seine Wirkung gezeigt und ich dachte: Ich werde dir jedenfalls nicht Honig um den Mund schmieren, du alte Socke. Gleichzeitig spürte ich ein dringendes Bedürfnis.

„Ähm, dürfte ich mal kurz austreten?"

„Wie bitte?" Mückenschlag sah mich einen Moment verständnislos an. „Ach, Toiletten! Den Gang entlang und dann links."

„Danke!"

Ich verließ den Raum mit dem Gefühl, gepunktet zu haben, fand die Toilette und verschwand in einer Kabine.

Kaum saß ich friedlich auf der Brille und wollte mich gerade entspannen, da hörte ich, wie die Tür ging und zwei Männer hereinkamen, die mitten in einer Unterhaltung waren und sogar beim Pinkeln weiterredeten.

Es ging um ein Interview mit einer Frau, deren Namen ich noch nie gehört hatte, und der klang wie: Ute Umbrecht-Klarsicht-Dröge oder so ähnlich.

Plötzlich wurde ich hellhörig, weil auch mein Name fiel. Ich erstarrte und verhielt mich absolut ruhig, obwohl sich in meinen Gedärmen ein unerträglicher Druck aufbaute.

„Dieser Pfarrer W.", sprach der eine in recht abfälligem Ton wie ich fand und drückte auf die Spülung, „er heißt Dankwart mit Vornamen, wusstest du das?"

„Was? Machst du Witze?", lachte der andere.

„Nein“, erwiderte der Erste, „er heißt wirklich so, das muss man sich mal vorstellen.“

Ich konnte förmlich sein Grinsen sehen und wurde noch starrer.

„Also Folgendes“, fuhr er fort, „Mückenschlag erzählte mir, dass die Einschaltquoten beim Wort zum Sonntag zurückgehen und sein Team auf die wahnsinnig geniale Idee gekommen sei, an zwei Samstagen einen Pfarrer auftreten zu lassen, der wirklich grottenschlecht ist, einen miserablen Redner also.“

„Toll“, sagte der andere und das Wasser der Spülung rauschte, „und so jemand soll das Wort zum Sonntag sprechen? Ein gutes Mittel, die Einschaltquoten noch mehr zu senken.“

„Dachte ich zuerst auch“, meinte der Erste und machte eine kleine Pause.

Ich hörte, wie er den Reißverschluss seiner Hose hochzog und dann den Wasserhahn aufdrehte.

„Aber die Sache ist die“, fuhr er fort, „das spricht sich herum, wenn jemand eine grottenschlechte Rede abliefert. Die Leute werden sich beim Sender beschweren, andere werden am nächsten Samstag unbedingt diesen bescheuerten Redner hören wollen. Das Ganze bekommt eine Öffentlichkeit und dann lassen wir wieder Mückenschlag auftreten. Als Retter der Sendung. Verstehst du? Dieser W. als Kontrastprogramm. Mückenschlag als Licht vor der dunklen Folie.“

„Genial“, lachte der andere und hantierte irgendwie am Mülleimer herum. Dann hörte ich die Tür und die beiden Männer hatten den Raum verlassen. Der andere hatte nicht einmal seine Hände gewaschen. Ich hatte es geahnt, dass beim Fernsehen Ferkel beschäftigt sind. Das sieht man nicht nur an den Filmen, die gesendet werden, das bestätigte sich nun.

Innerlich krampften sich nicht nur meine Gedärme zusammen. Das also war ihr Konzept. Deshalb brauchten sie mich, um die Sendung mit Kontrasten aufzumotzen! Und ich sollte der Kontrast sein. Die schwarze Folie, der schwarze Peter, der Buhmann!

Zuerst war ich deprimiert und ich hätte losheulen können, aber als ich dann meine Hände wusch, stieg ein Zorn in mir auf und ich sagte zu meinem Spiegelbild: „Ich werde diesen Kerlen beweisen, dass sie sich verrechnet haben. Ich werde so gut sein, dass Mückenschlag sich schwarzärgert und selbst zu einer Folie wird."

Als ich wieder in das Zimmer 201 eintrat, brodelte es noch leicht in mir und ich sah Mückenschlag mit neuen Augen. Was für ein erbärmlicher Kerl er doch war. Ich sah überdeutlich die Schuppen auf seinen Schultern und aus seinen Ohren wuchsen kleine Haarbüschel. Widerlich! Durch Leute wie ihn würde die Kirche von innen her verfaulen. Aber ich würde diesen Fäulnisprozess aufhalten. Ich, Dankwart W., würde wie ein frischer Wind durch das Studio fegen und Mückenschlag durch meine Worte wie eine Mücke an der Wand zerquetschen.

„Damit Sie wissen, wie die Sache bei uns abläuft", sagte Mückenschlag zu mir gewandt, „werden wir jetzt in das Studio gehen. Ich habe uns Zeit reserviert, sodass ich Ihnen zeigen kann, wie man sich bewegt und worauf es sonst noch ankommt. Vor allem, bleiben sie nicht wie ein Holzklotz sitzen, sondern bewegen sie den Kopf leicht im Uhrzeigersinn: Erst ein wenig nach links, dann nach oben, dann nach rechts und nach unten, aber nicht hektisch. Machen Sie zwischendurch eine Geste mit der Hand. Stellen Sie sich vor, Sie würden zu Ihrer Frau sprechen. Versuchen Sie, ein freundliches Gesicht zu machen ..."

Mückenschlag sah mich fragend an. Ich nickte.

„Haben Sie einen Text dabei? Dann können wir gleich mal aktuell die Sache ausprobieren. Keine Angst vor meiner Kritik. Kritik ist eine gute Sache! Es ist immer herrlich kritisiert zu werden, denn nur Kritik bringt uns weiter!"

Er lachte und entblößte seine superweißen Zähne. Wahrscheinlich gebleicht. Den Fäulnisprozess äußerlich vertuscht.

Er setzte sich vor einen Tisch.

„Ich beginne mal", erklärte er mir, „und Sie passen genau auf und sagen mir, was Ihnen aufgefallen ist."

Er gab einem Kameramann ein Zeichen und erzählte irgendwas über Ruhe und Bewegung und dass man das im Gleichgewicht halten müsse, auch Gott sei Ruhe und Bewegung und so weiter. Gott sei fantastisch ausbalanciert und jeder, der durchdrehen würde, könne sich von dem großen Ausbalancierer eine Scheibe abschneiden. Ich hab das jetzt kurz mit meinen Worten zusammengefasst. Jedenfalls, ich fand, Mückenschlag saß da wie ein Klotz und redete monoton vor sich hin.

„Wir schauen uns das mal an", sagte Mückenschlag und sprang auf.

„Kurt! Kannst du die Szene mal auf den Monitor bringen?", rief er einem Mann in der Regie zu.

Jemand hinter einem Glaskasten ging hin und her, dann sah ich, wie Mückenschlag mit steinernem, unbeweglichem Gesicht seine Ruhe- und Bewegungsmasche abzog.

„Was fällt ihnen auf?", fragte er mich. „Keine Scheu, mein Lieber! Sagen Sie ruhig, was Sie denken!"

„Also, ich fand das ziemlich starr und leblos", sagte ich.

Er klatschte vor Freude in die Hände.

„Ganz genau! Nur heraus mit der Kritik. Kritik ist gut. Ich liebe Kritik! Nur Kritik bringt uns weiter! Ich habe es nämlich extra falsch gemacht, um Ihnen zu zeigen, wie man es nicht machen soll. Und jetzt das Gleiche in einer anderen Art", rief er euphorisch.

Er setzte sich wieder auf den Stuhl, machte ein Zeichen und sagte den gleichen Text viel lebendiger, bewegte den Kopf hin und her, betonte manche Wörter, machte mit seiner rechten Hand eine passende Geste und so weiter. Das Ganze wirkte viel dynamischer, wobei der Inhalt nach wie vor absolut blödsinnig war. Aber das fiel jetzt nicht mehr so auf.

„Ja", nickte ich, „ich weiß, was Sie meinen. Hörte sich viel besser an, obwohl der Inhalt meiner Meinung nach ziemlich schwach war."

„Aha", sagte Mückenschlag kurz und schien von meiner Kritik nicht mehr ganz so begeistert zu sein und sie zu lieben.

„Und jetzt Sie, mein Lieber", forderte er mich auf, „nehmen Sie ihren Text zur Hand."

Ich setzte mich an den Tisch, versuchte beim Lesen den Kopf zu bewegen, an Adelheid zu denken und gleichzeitig Bonhoeffers Worte glaubwürdig rüberzubringen und möglichst lebendig zu sprechen.

Hinterher sahen wir die Szene am Monitor an.

„Ja, hm." Mückenschlag wiegte den Kopf hin und her. „Gar nicht so schlecht für den Anfang. Der Inhalt ist allerdings grauenhaft. Viel zu fromm. Zu kompliziert."

Ich sagte dann, dass es ein Text von Bonhoeffer gewesen sei und ich hätte ihn genommen, um zu sehen, auf welchem Niveau man hier reden müsse und ich wüsste jetzt, dass das Niveau eher im Keller lag.

Ich sah, wie Mückenschlag zusammenzuckte, als er den Namen Bonhoeffer hörte.

Er sagte nichts mehr zu meinem Text und ich solle ihm meine selbst gemachte Andacht, wobei er *selbst gemacht* betonte, also, ich solle ihm das in den nächsten Tagen zuschicken und am Freitag um 9 Uhr auftauchen, damit wir noch Zeit für die Maske hätten.

„Aber wird das Wort zum Sonntag nicht am Samstag gesprochen?“, fragte ich etwas verdutzt.

Er winkte ab: „Das wird sowieso aufgezeichnet.“

Mit gemischten Gefühlen folgte ich Mückenschlag zurück ins Zimmer 201. Mückenschlag war inzwischen wieder guter Laune, wahrscheinlich hatte ihm meine Kritik gutgetan und er erzählte mir, dass Millionen Menschen einem zuhören, wenn man im Fernsehen etwas sagt.

Ich war mir da nicht so sicher, denn meine Bekannten holen sich beim Wort zum Sonntag immer das nächste Bier aus dem Kühlschrank oder gehen aufs Klo.

Auf dem Flur begegneten uns zwei Männer. An den Stimmen erkannte ich die Pinkler von vorhin wieder. Dem Ferkel, das seine Hände nicht gewaschen hatte, gab ich nicht die Hand, nickte ihm nur zu und tat so, als hätte ich seine Hand nicht gesehen.

Mückenschlag redete dann noch ein paar Minuten über das Phänomen, dass einem beim Fernsehen scheinbar niemand zuhörte, obwohl einem gleichzeitig Millionen zuhörten.

„Das ist so wie mit den Milben“, sagte ich.

„Milben?“, fragte Mückenschlag.

„Na ja, wir teilen ja jede Nacht das Bett mit Millionen von Milben“, sagte ich, „Tiere, die wir nicht sehen und hören können. Ein Millionenpublikum. Stellen Sie sich nur vor, wenn man ihre Essgeräusche über Lautsprecher verstärken würde!“

„Ja, sehr seltsam“, murmelte Mückenschlag und schaute ein wenig irritiert auf seine Uhr.

„Also, ich muss bald zu einer Sitzung“, sagte er, „Sie schicken mir in dieser Woche ihren Text zu, ich werde ihn lesen und notfalls überarbeiten. Sie wissen ja, ohne Kritik geht es nicht, aber das sollte Ihnen Freude machen. Sie bekommen die korrigierte Fassung dann von mir wieder und dann geht's los!“

Ich verabschiedete mich und fuhr zurück. Zwischendurch war ich deprimiert, als mir einfiel, dass ich nur eine schwarze Folie für Mückenschlag sein sollte. Aber nach und nach stieg wieder ein Zorn in mir hoch und ich schwor mir, es diesem eingebildeten Affen zu zeigen und auch den Millionen unsichtbaren Milben am Fernsehschirm.

Ich hoffte, dass mein Zorn ein heiliger Zorn war.

5

In den nächsten Tagen war ich wie ausgewechselt. Der Ehrgeiz hatte mich gepackt. Ich wollte Mückenschlag und diesen Pinklern beim Fernsehen beweisen, dass ich nicht zu einer schwarzen Folie taugte, dass viel mehr in mir steckte als alle dachten.

Ich ließ mir Fernsehandachten pfundweise schicken und veränderte sie leicht. Ich las Adelheid die Texte vor und bewegte meinen Kopf wie verrückt im Uhrzeigersinn hin und her. Das Gute daran war, dass ich nicht krampfhaft an Adelheid denken musste, weil sie ja vor mir saß.

Ich klemmte beim Sprechen einen Korken zwischen die Zähne, um meine Aussprache zu verfeinern. Ich lernte den Text, der Adelheid am besten gefiel, auswendig, um noch souveräner zu sein und nicht dauernd auf ein Blatt Papier starren zu müssen, denn ich brauchte meine Hände ja für die Gesten. Ich wollte zu den Millionen unsichtbarer Zuschauermilben einen magischen Kontakt herstellen.

Aber irgendwie gefiel mir das alles selbst noch nicht. Das hätte man genauso gut im Radio hören können. Im Fernsehen müsste man irgend etwas Besonderes *sehen* können. Dass sagte ja schon der Name.

Dann hatte ich eine großartige Idee. Ich probierte einen kleinen Trick vor dem Spiegel mit einem Stück Pappe und spürte gleich: Das wird die perfekte Andacht! Auch Adelheid war davon begeistert.

Wir diskutierten stundenlang, welche Krawatte am besten an mir aussieht, und zum Schluss entschied ich mich, gar keine zu tragen, nur ein schwarzes T-Shirt mit Jackett oben drüber.

Ich hatte Mückenschlag extra eine schlechte Andacht geschickt, eine von meinen letzten Predigten, die ich gekürzt hatte. Mein Plan war, dass ich dann mitten in der Sendung alles änderte und etwas Überraschendes machen wollte. Es sollte spontan wirken, aber ausformuliert hatte ich das bereits bis zum letzten Punkt, versteht sich.

Mückenschlag schickte meinen Text zurück, es gab wenige Änderungen. Er wollte mich ja ins offene Messer laufen lassen. Das war klar.

Mit starkem Herzklopfen fuhr ich ins Studio. Mückenschlag war unglaublich gut gelaunt. Ich fühlte in meinem Jackett nach dem Stück Pappe, ob es auch da war. Dann wurde ich eingepudert, damit ich nicht so glänzte, obwohl ich gar nichts dagegen hatte zu glänzen.

Zehn Minuten später ging's los. Ich setzte mich auf meinen Platz, schob den Stuhl etwas zurück, um nachher für meine Aktion Platz zu haben und legte los.

Ich begrüßte die Leute, sagte meinen vollen Namen und erzählte dann, dass es fantastisch sei, wenn Millionen Leute einen sehen, ohne dass man sie selbst sieht. Auch die Sache mit den Milben erklärte ich. Gleich danach sagte ich etwas davon, dass Gott hinter uns steht. Ich fand den Auftakt echt gelungen.

Dann fuhr ich fort und sprach sehr eindringlich: „Wir machen jetzt mal ein Experiment. Denn Reden allein bringt einen auch nicht weiter, das hat ja Dr. Mückenschlag lange genug bewiesen und schließlich sind wir hier beim Fernsehen und das heißt ja, dass man etwas sehen will."

Ich merkte, dass Mückenschlag hinter der Scheibe nervös in meinem Manuskript blätterte.

„Gehen Sie jetzt mal kurz ins Bad", sagte ich zu den Millionen von Zuschauern, die ich nicht sah, „und besorgen Sie sich einen Spiegel. Ich werde in der Zwischenzeit irgend etwas Belangloses reden, damit Sie nichts versäumen. Es wird ein interessantes Experiment werden", versprach ich. Dann redete ich über das Wetter und dass die Autobahn heute ziemlich voll gewesen sei.

Jetzt war mein großer Auftritt gekommen, ich schob den Stuhl weiter nach hinten und stand auf. Die Kameras gingen mit. Aus den Augenwinkeln sah ich, wie Mückenschlag mit den Armen wedelte. Wahrscheinlich hatte er sich noch keinen Spiegel besorgt. Pech für ihn.

„Wissen Sie, dass Gott hinter Ihnen steht?", fragte ich die Millionen. „So wie ich jetzt hinter Ihnen stehe? Sie glauben es nicht? Völlig richtig, denn ich stehe eigentlich vor Ihnen. Jetzt drehen Sie sich einmal um, mit dem Rücken zum Fernseher. Sehen Sie - jetzt stehe ich hinter Ihnen. Und auch Gott steht hinter Ihnen, aber sie sehen ihn nicht. So wie sie mich im Moment auch nicht sehen. So ist das mit Gott. Man sieht ihn nicht, obwohl er hinter uns steht. Oder gerade weil er hinter uns steht, sieht man ihn nicht, denn wir haben unsere Augen bekanntlich vorne. Aber es gibt Augenblicke im Leben, in denen wir einen Blick tun können in Gottes Geheimnisse", sagte ich zu den Millionen, die mit dem Rücken zum Fernsehgerät standen. „Nehmen Sie jetzt Ihren Spiegel, halten Sie ihn vor ihr Gesicht und dann blicken Sie mal nach hinten, als ob sie im Auto sitzen und nach hinten schauen würden."

Nun folgte meine zweite Überraschung. Ich griff in meine Tasche und holte eine weiße Pappe heraus, auf der ich einen Satz in großen Buchstaben und in Spiegelschrift geschrieben hatte: „Gott liebt Sie!"

Ich hielt die weiße Pappe mit dem Satz wortlos vor die Kamera, wartete ein paar Sekunden und sagte dann laut: „Jetzt wissen Sie Bescheid! Ja, es stimmt, Gott liebt Sie. So haben Sie es eben im Spiegel gesehen. Er liebt Sie, ob Sie dick oder

Gott
Liebt
Sie!
Gott
Liebt
Sie!
3
3
T.

dünn sind, geisteskrank oder unverschämt gesund, ob sie groß oder klein sind, sexuell attraktiv oder eine Nullnummer.

Also vergessen Sie nicht: Gott steht hinter Ihnen, er liebt Sie, das spüre ich ganz tief in mir, aber man bekommt es nicht immer mit, weil Gottes Handschrift uns rätselhaft erscheint wie eine Spiegelschrift. Man sieht Gott nicht, weil er hinter uns steht und man Leute nicht unbedingt sehen kann, die hinter einem stehen, außer man benutzt einen Spiegel. Und so sagt es schon der Apostel Paulus zu den Korinthern, wenn er schreibt: *Wir blicken jetzt durch einen dunklen Spiegel.*

Machen Sie es gut!", sagte ich lächelnd und setzte mich.

Sobald die Aufnahme beendet war, stürzte Mückenschlag auf mich zu und rief entsetzt: „Was haben Sie gemacht? Sie haben einen völlig anderen Text genommen. Das war nicht abgesprochen! Wir müssen alles noch einmal machen und ..."

Er wurde von einem der beiden Pinkler unterbrochen, der zu ihm sagte: „Gerhard! Beruhige dich. Ich würde das nicht ändern. Komm, ich erklär's dir."

Er zog ihn in eine Ecke und redete auf ihn ein. Mückenschlag wedelte mit der Hand. Aber als er sich abgewedelt hatte, hellte sich sein Gesicht auf. Keine Ahnung, was der Pinkler ihm erklärt hatte. Wahrscheinlich, dass meine Andacht so schlecht war, dass man es einfach nicht mehr toppen konnte oder so was Ähnliches.

Jedenfalls, Mückenschlag kam zurück, klopfte mir wohlwollend auf die Schulter und sagte: „Wir lassen die Aufzeichnung so. Es ist ja gewissermaßen alles sehr originell, nicht wahr? Wie Sie die Leute dazu bringen, mit dem Rücken zum Fernseher das Wort zum Sonntag zu hören, das ist einfach fantastisch! Ich bin gespannt auf die Reaktionen morgen." Er schaute mich an, als ob er noch etwas sagen wollte, sagte aber nichts mehr und verabschiedete mich.

Ich fuhr aufgewühlt nach Hause und erzählte Adelheid alles,

richtete mich auf ein ruhiges Wochenende ein und genau das erfüllte sich nicht, weil schon am Samstag Abend nach der Sendung dauernd bei uns das Telefon klingelte. Wildfremde Leute riefen an und sagten, jetzt hätten sie zum ersten Mal was von Gott verstanden. Dieses langweilige Gebrabbel von Mückenschlag würde sowieso kein Mensch verstehen. Aber meine Sache mit dem Rücken zum Fernseher und dem Spiegel war einfach spitzenmäßig. So was müsste man öfter in der Kirche hören.

Ich war geplättet. Damit hatte ich nicht gerechnet. Wildfremde Leute sprachen mich auf der Straße an und bedankten sich. Einige machten sich einen Spaß daraus, drehten sich um und riefen: „Ich sehe Sie nicht!"

Jedenfalls, die Andacht hatte richtig reingehauen und ich überlegte mir etwas Neues für die nächste Woche. Aber so einfach war das nicht. Nach vielem Hin und Her schließlich, hatte ich die Idee mit der Hand. Ich würde meine Hand in die Kamera halten und erklären: So, wie jede Hand eine Vorder- und Rückseite hat, die man nicht trennen kann (oder nur unter großen Schmerzen), so ist es auch mit dem Glauben. Glauben gibt es nur, weil wir auch zweifeln können. Ich würde dann etwas sagen, dass man sich nicht zu schämen brauche, wenn man zweifelt, dass ich selbst auch öfter an Gott zweifeln würde und dann wollte ich mit dem Satz schließen: „Einen fröhlichen Zweifler hat Gott lieb!"

Ich schickte den Text an Mückenschlag, bekam aber keine Antwort.

Kurz bevor ich nach Hannover fuhr, rief mich jemand aus dem Sender an. Ich glaube, es war der Pinkler mit den gewaschenen Händen. Er sagte mir, dass das Gespräch vertraulich sei, er wolle mir nur mitteilen, dass Mückenschlag ziemlich viele Beschwerdebriefe bekomme. Es sei wie eine Lawine. Die Leute wollen ihn nicht mehr in der Sendung sehen und lieber mich als Redner haben. Mückenschlag sei völlig am Durchdrehen, was ihm eigentlich recht geschehe, weil er (das wissen wir doch alle) ein widerlicher Kerl sei. Aber ich soll das für mich behalten und mich nicht wundern, wenn Mückenschlag sich seltsam benehme.

Na ja, ich fuhr einigermaßen gespannt zum Sender und traf auf Mückenschlag in Zimmer 201. Er war wie verwandelt, war superfreundlich zu mir, grinste mich an, was das Zeug hielt und sagte, das mit der Hand sei ja eine noch tollere Andacht als letztes Mal, wobei ihm noch nicht genau klar wäre, ob die Innenfläche der Hand für den Glauben oder für den Zweifel stehe. Aber das könnte ich ja spontan bei der Sendung klären. Ich solle mir um Gottes willen keinen Zwang antun und frisch von der Leber weg reden. Wenn ich mich mal verspreche, würde das nichts machen. Schließlich verspricht sich jeder mal. Manchmal würde es sich gut machen, wenn man die Leute gleich mit Du anredet, wenn man also beginnt mit: „Also jetzt hör mal zu!" Das hätte so eine persönliche Note.

Je länger er redete, desto weniger hörte ich zu, weil es mir seltsam vorkam, was er von sich gab. Ich bin zwar nicht der Hellste, aber ich hatte das Gefühl, Mückenschlag wollte, dass ich mich bei der Andacht so richtig blamieren und endlich meine schwarze Foliennummer durchziehen sollte. Es hätte nicht viel gefehlt und er wäre vor mir auf die Knie gefallen, nur um mich zu bitten: Seien Sie schlecht, so schlecht wie es geht!

Aber den Gefallen wollte ich ihm nicht tun.

Nach allen möglichen Vorbereitungen ging es schließlich los. Ich krieg jetzt nicht mehr alle Einzelheiten zusammen, aber ich wusste, dass ich mein Anschauungsmaterial nie vergessen würde, weil ich ja meine Hand Tag und Nacht mit mir herumschleppe.

Ungefähr so ging es dann:

„Guten Abend, meine Damen und Herren. Also, ich hätte nicht gedacht, dass meine letzte Andacht bei Ihnen so gut angekommen ist. Unser Telefon hat gar nicht mehr stillgestanden und viele haben sich bedankt und gesagt, dass sie jetzt erst verstanden hätten, warum man überhaupt an diesen ganzen Kirchenkram glauben soll. Bei Mückenschlag seien sie entweder eingeschlafen oder wären aufs Klo gegangen.

Wissen Sie, ich versteh es selber nicht, weil ich sonst die Leute aus meiner Kirche eher rauspredige, aber das Gute daran ist, dass man beim Fernsehen überhaupt nicht mitbekommt, ob die Leute rausgehen oder nicht. Erinnern Sie sich an die Millionen von Milben?

Übrigens meinte Mückenschlag vorhin, dass ich einfach drauflosreden solle und wenn ich mich verspreche, würde das gar nichts ausmachen.

Ehrlich gesagt, hab ich eher den Verdacht, dass ich mich blamieren soll, damit Mückenschlag wieder groß rauskommt. Ich soll wahrscheinlich so eine Art „schwarze Folie" sein, damit er hinterher wieder gut rauskommt."

Im Hintergrund sah ich, wie Mückenschlag wieder anfing, mit den Armen wild herumzuwedeln.

„Na ja", meinte ich, „vielleicht täusche ich mich ja, vielleicht ist Mückenschlag letztlich ein ganz netter Kerl. Auf jeden Fall bin ich jetzt hier und möchte Ihnen meine Hand zeigen."

Ich drehte sie stumm hin und her und sagte dann: „Jede Hand hat eine Innen- und Außenseite oder eine Rück- beziehungsweise Vorderseite. Ohne das geht es nicht. So ähnlich stelle ich mir das mit dem Glauben und dem Zweifel vor. Die beiden gehören einfach zusammen. Ich habe festgestellt, wenn ich niemals an Gott gezweifelt hätte, wüsste ich ja gar nicht, was es bedeutet, an ihn zu glauben.

Neulich, als ich mitten in einer Predigt war, kam mir der Gedanke: *Und wenn das alles nicht stimmt, was du da sagst, was machst du dann?* Ich war erst einmal selbst geschockt und stockte leicht, aber dann hab ich auf meine Hände geblickt, die die Kanzel umklammert hielten und da fiel mir auf: Wenn die Hände keine Außenseite hätten, könnte ich die Kanzel gar nicht umklammern. Klar, ich müsste dann ja auch nicht meine Nägel schneiden. Aber es wäre eine verdammt eklige Sache, wenn die Außenseite meiner Hände einfach nicht da wäre, nur so ein blutiges Zeug, wo irgendwelche Adern raushingen. Widerlich. Das Blut würde auf den Boden tropfen und jemand würde ausrutschen.

Jedenfalls, wir brauchen beide Seiten unserer Hände. Zweifel und Glaube gehören zusammen und ich möchte Ihnen zurufen und Sie müssen sich dabei jetzt *nicht* umdrehen und einen Spiegel in die Hand nehmen. Sie verstehen schon!“ Ich lachte ein bisschen. „Einen fröhlichen Zweifler hat Gott lieb. Das spüre ich ganz tief in mir. Machen Sie's gut!“

Diesmal wollte Mückenschlag auf keinen Fall, dass das so gesendet wird. Aber sein Boss, der Mückenschlag wahrscheinlich nicht leiden konnte, bestand darauf und sagte: „Mensch, Gerhard, die Leute wissen schon, wie Sie das einordnen sollen. Die Sendung hat eine riesige Einschaltquote.“

Was soll ich sagen? Ich hatte so ein leichtes Siegergefühl.

Ein paar Tage später sagte man mir am Telefon, dass Mückenschlag und viele Zuschauer darauf bestünden, einen Andachtswettkampf zu machen. Wer die beste Andacht abliefere, solle dann für ein Jahr das Wort zum Sonntag sprechen. Dieser Andachtswettkampf würde sogar live am Samstagabend gesendet werden.

6

Allmählich lief ich warm. Ich schlief weniger, weil ich immer darüber nachdenken musste, was ich am Tag des Andachtswettkampfes sagen oder zeigen könnte.

Aber wenn ich erst einmal schlief, dann schlief ich richtig, dann fiel ich in einen Tiefschlaf, bei dem mich oft wirre Träume heimsuchten. Adelheid musste mich manchmal wecken und mir einen kalten Waschlappen auf die Stirn legen, weil ich im Schlaf Sätze sagte wie: „Ich werde dich durchprügeln!"

Mehrmals habe ich Adelheid versichert, dass nicht sie gemeint war, sondern Mückenschlag, der mich im Studio in einen Käfig gesperrt und vor meinen Augen das Mikrofon aufgefressen hatte.

Diese Andacht musste was wirklich Knalliges werden. Hand und Spiegel hatte ich schon verbraucht, da blieben nur noch Arme, Füße und Kopf übrig. Zuerst hatte ich die Idee, eine schrille Perücke zu tragen mit Pappnase und die Sachen dann beim Reden abzunehmen und zu sagen: „Gott können Sie nichts vormachen. Er erkennt Sie, auch wenn sie sich verstellen."

Adelheid meinte, das hätte so einen drohenden Unterton nach dem Motto: „Ich reiß euch die Maske vom Gesicht."

Also ließ ich die Verkleidung weg und überlegte, ob ich einen Zaubertrick machen sollte. Vielleicht einen Schwarm Mücken aus einem Taschentuch herausfliegen lassen und dann draufschlagen und fragen: „Welches Wort fällt Ihnen spontan dazu ein?"

Und dann würde ich sagen: „Wenn Sie jetzt an eine bestimmte Person gedacht haben, dann liegen Sie falsch. Nein, das sollte an die ägyptischen Plagen erinnern und Gott kommt auch in Ihrem Leben mit Ihren Katastrophen zurecht und so."

Aber Adelheid meinte, Mückenschlag könnte diesen Trick mit den geschlagenen Mücken in den falschen Hals kriegen.

Dann kam ich auf die Idee, ein Kaninchen aus dem Hut zu zaubern. Ein weißes Kaninchen mit einem schwarzen Kreuz auf dem Rücken und dann zu sagen: „Keiner denkt, dass ein Kaninchen in diesen Hut passt. So ist das auch mit Gott. Er passt auf jeden Fall in Ihr Leben, ob es Ihnen passt oder nicht."

Ich fand dieses Wortspiel einfach genial und Adelheid meinte auch, so etwas habe sie in einer Kirche noch nie gesehen oder gehört.

Ich musste nur noch herausfinden, wie die Zauberer das mit dem Kaninchen machen und wie man es anstellt, dass es zusammengefaltet wird und trotzdem nicht tot geht. Denn das wäre natürlich völlig daneben, wenn ich das Kaninchen tot aus dem Hut holen würde. Und das bei einer Live-Sendung.

Schließlich habe ich ein Buch gefunden, wo das genau beschrieben wird und ich dachte noch: Mann! Das ist ein Supertrick. Egal was Mückenschlag sagt oder tut, das kann er einfach nicht toppen.

Der Samstag rückte näher. Wir hatten ein weißes Kaninchen gekauft, das in unserem Garten unter einem Drahtverhau vor sich hinmümmelte. Adelheid fütterte es liebevoll mit Möhren, Äpfeln und Salatblättern. Außerdem hatte sie eine Schablone ausgeschnitten, die ein Kreuz freiließ. Sie hielt das Tier fest, ich legte die Schablone aufs Fell, machte sie mit Tesafilm an den Seiten fest und sprühte mit schwarzer Farbe los.

Erwin, so nannten wir das Kaninchen, sah einfach umwerfend aus mit diesem schwarzen Kreuz auf dem Rücken. Es war allerdings für Erwin sehr schmerzhaft, als ich nachher den Tesafilm aus seinem Fell herausfummeln musste. Hinterher sah er mich mit traurigen Augen an und ich sagte ihm: „Auch Tiere müssen für diesen Kreuzzug gegen Mückenschlag Opfer bringen."

Es war Mittag und ich hatte alles gepackt. Diesmal wollte ich mit dem Auto fahren, wegen Erwin und dem ganzen Krempel. Nach einer ausführlichen Mittagsruhe machte ich mich bereit.

Aber eine halbe Stunde vor der Abfahrt überfiel mich ein starker Hunger nach einem Butterbrot.

Ich hatte ja noch Zeit, also ging ich in die Küche, pfiff ein Lied und schnitt mir eine dicke Scheibe Bauernbrot ab. Und da ist es dann passiert. Ich rutschte blöderweise mit dem Messer ab und schnitt mir in den linken Daumen.

Vor Schreck zuckte ich zurück, stolperte und verletzte mich beim Fallen mit dem Messer an der Halsschlagader. Ich brachte noch ein gurgelndes Geräusch zustande, dann wurde mir schwarz vor Augen.

Das mit dem Butterbrot und der Halsschlagader hat mir Adelheid nachher erzählt, weil ich mich nicht mehr daran erinnern konnte. Sie sagte, ich hätte wie ein Schwein geblutet.

Jedenfalls wachte ich im Krankenwagen auf, eine Infusionsflasche neben mir und ein Sanitäter saß bei Adelheid und erklärte ihr irgend etwas.

„Wo bin ich?", krächzte ich und dachte zuerst, ich sei in einem meiner Alpträume gelandet und Mückenschlag hätte mich mit einem Messer angegriffen.

„Du bist unterwegs zum Krankenhaus", sagte Adelheid mit zitternder Stimme, „du hast dich beim Brotschneiden verletzt."

„Das kommt nur daher", sagte ich, „weil wir keine Brotschneidemaschine haben. Ich wollte eigentlich schon immer eine haben!"

„Ich weiß, Dankilein", schluchzte Adelheid auf, „das Erste, was ich tun werde, wenn ich nach Hause komme, ist eine Brotschneidemaschine zu kaufen!"

„Danke!", seufzte ich erleichtert auf, fuhr aber gleich wieder hoch und keuchte: „Wie spät ist es?"

„Kurz nach acht!", sagte der Sanitäter.

„Gut", röchelte ich, „dann kommen wir noch rechtzeitig nach Hannover!"

Der Sanitäter schüttelte den Kopf. „Mit Hannover wird es nichts. Wir fahren jetzt ins Krankenhaus. Sie haben sehr viel Blut verloren. Sie können in Ihrem Zustand nicht ins Studio!"

„Aber ich ... muss. Die Live-Sendung!"

„Liebling!", sagte Adelheid und nahm meine infusionsfreie Hand. „Wir mussten den Termin in Hannover absagen. Du kannst nicht auftreten ... ich meine die Andacht halten."

Ich schloss vor Erschöpfung die Augen. Die wenigen Sätze hatten mich ziemlich strapaziert.

„Wo ... wo ist Erwin?", fragte ich.

„Erwin ist zu Hause in seinem Käfig und Friedrich ist bei einer Freundin. Ich habe Erwin eine Extraportion Möhren geschält, weil er doch zum ersten Mal allein ist."

Ich sah Erwin vor mir, wie er mit seinem wundervollen schwarzen Kreuz auf dem Rücken Möhren fraß. Alles umsonst. Das Ausschneiden der Schablone, das Sprühkreuz, der Tesafilm ..."

Ich sank in einen kurzen, unruhigen Schlaf und wachte auf, als der Krankenwagen hielt und ich in die Notaufnahme gebracht wurde.

Das alles war ein Schock für mich, aber ich ließ es teilnahmslos über mich ergehen. Adelheid hatte zwar beim Sender angerufen und gesagt, dass ich lebensgefährlich verletzt worden sei, aber wie ich später erfuhr, hatte Mückenschlag nur verbreitet, dass ich nicht kommen werde. So sah es danach aus, als hätte ich mich vor dem Andachtswettkampf gedrückt.

Niederlage auf der ganzen Linie. Das Wort zum Sonntag, das so schön und hoffnungsfroh angefangen hatte, die wunderbare Niederlage Mückenschlags – alles ging den Bach runter.

Der einzige Trost in diesen Tagen war, dass ich im Krankenhaus so oft ich wollte Apfelmus bestellen konnte und dass Adelheid, Friedrich und Erwin mich besuchten. Meine Frau hatte unser Kreuzkaninchen sehr trickreich in einer Tasche versteckt, weil Tiere nicht auf die Station durften. Ich meine große Tiere. Die kleinen Tiere sind ja überall, denken Sie nur an die Milben.

Mit Tränen in den Augen streichelte ich immer wieder Erwins weiches Fell mit dem schwarzen Sprühkreuz. Manchmal schaute mich Erwin mit seinen unruhigen Kaninchenaugen an, kräuselte seine entzückende Nase und schien sagen zu wollen: „Mach dir nichts draus. Du hast ja mich!"

Zwei Tage später bekam ich einen Anruf vom Sender. Der eine Typ, der seine Hände beim Pinkeln gewaschen und der schon einmal angerufen hatte, sagte mir, dass Mückenschlag zwar weiter das Wort zum Sonntag sprechen würde, aber dass es nicht mehr so wie früher sei.

Jeden Tag kämen Beschwerdebriefe, weil die Leute ihn nicht mehr hören wollten. Und wenn der Name Pfarrer Dankwart W. fällt, dann würde Mückenschlag dunkelrot anlaufen und das Zimmer verlassen.

„Wenigstens etwas", sagte ich und ahnte zu diesem Zeitpunkt noch nicht, dass ich mir einen gefährlichen Feind geschaffen hatte, der mir noch öfter das Leben schwermachen würde.

7

Bis heute trage ich die Narbe von meinem Butterbrotunfall an meinem linken Daumen und immer, wenn ich sie sehe, werde ich daran erinnert, bis zu welchen Höhen ich aufgestiegen war. Meine Predigten wurden seitdem etwas besser. Nur noch gelegentlich gingen Leute zum Rauchen raus.

Das Leben nahm seinen Lauf. Hase Erwin wuchs und wurde größer und Friedrich spielte oft mit ihm. Das schwarze Kreuz verwuchs sich mit der Zeit, bis es dann schließlich ganz verschwand. Nichts blieb vom Erfolg, nur noch ein paar dunkle Flecken waren auf dem Fell zu sehen.

Man hätte meinen können, dass ich eigentlich zufrieden und froh mit meiner kleinen Familie gelebt hätte.

Aber so war es nicht. Nach der Niederlage durch das Butterbrot, schienen die Gemeindemitglieder immer weniger zu werden und das trotz des Begrüßungsgeldes, das der Superintendent angeregt hatte. In unserem Bezirk sollte nämlich jeder, der wieder in die Kirche eintrat, zehn Euro Begrüßungsgeld bekommen.

Bei manchen hat das tatsächlich geholfen, aber so richtig eingeschlagen hat das nicht. Wie gesagt, die Zahlen waren rückläufig. Das lag vermutlich daran, dass die Zeugen Jehovas, die Mormonen und die Neuapostolischen ihre Tempel oder Königreichssäle, oder wie sie das alles nannten, gebaut hatten und die Leute dorthin strömten. Katholiken und zwei Freikirchen hatten ebenfalls gebaut und nahmen mir die Leute weg. Viele traten aus der Kirche aus und einige sagten zu mir, sie würden viel lieber die Fernsehgottesdienste sehen, da könne man im Schlafanzug teilnehmen und gleichzeitig Kaffee trinken.

Mir kam das, ehrlich gesagt, seltsam vor. So eine Konzentration von neuen Kirchen und religiösen Gruppen in Untermöckelsmühl! Das ging doch nicht mit rechten Dingen zu. Irgendwann hatte ich das Rätsel gelöst: Mückenschlag! Ich hatte keine Ahnung, mit welchen bizarren Verbindungen er das hinbekommen hatte, dass sich in meiner Nachbarschaft so viele Kirchen ansiedelten, aber uns ging allmählich die Luft aus. Vielleicht hatte Mückenschlag Verbindungen bis zum Ministerium oder zur Baubehörde. Es konnte nur Mückenschlag sein, eine andere Möglichkeit gab es nicht!

Gegen den katholischen Weihrauch, die freikirchlichen Softpopklänge und den Ernst der Sekten kam ich nicht an. Auch das Begrüßungsgeld zündete nicht richtig. Es kam so weit, dass ich zum Schluss nur noch vier Mitglieder hatte. Mückenschlag war es mit seinen dubiosen Machenschaften gelungen, meine Kirche auszusaugen, dieser Schleimer. Bestimmt saß er in irgendeinem Studio und rieb sich die Hände, wenn seine Spione von den Austritten berichteten.

Als die letzten vier dann auch noch geschlossen austraten, konnte ich die stolze Bilanz von null Mitgliedern verzeichnen. Nein, nicht ganz. Adelheid und ich waren ja noch da.

Ich weiß nicht mehr genau, wie ich darauf gekommen bin, vielleicht war es ein gewisser Trotz oder die Tatsache, dass ich Geburtstag hatte, aber ich hatte die Idee, die letzten vier Ausgetretenen zu einem Abendessen einzuladen. Das letzte Abendmahl sozusagen.

Ich kaufte viele Bockwürste und wollte einen selbstgemachten Kartoffelsalat anrichten.

Adelheid verstand das nicht, aber ich sagte ihr, das sei so eine Art Henkersmahlzeit und die wollte ich eigenhändig zubereiten, mit dem letzten Rest von Liebe.

Die vier Mitglieder, es waren ein Ehepaar, ein Schüler und eine alte Frau, waren sprachlos, fast gerührt, als ich sie einlud.

Sie kamen und es wurde ein schöner Abend. Aber Adelheid und ich hatten überhaupt keinen Appetit und aßen fast nichts. Hinterher sagten meine vier Gäste, dass es ihnen eigentlich leid täte, dass sie ausgetreten sind, aber alle ihre Bekannten seien eben jetzt in den anderen, neuen Kirchen und da sei es viel lustiger, außer bei den Zeugen Jehovas, das wäre ihnen zu anstrengend, weil man da immer stundenlang neben dem Supermarkt stehen und diese bescheuerten Wachtürme anpreisen müsste, ohne sie anpreisen zu dürfen.

„Bei den Neuapostolischen ist es praktisch", sagte Maik, der Schüler, „man bekommt da immer die Sünden von der letzten Woche vergeben, egal was man angestellt hat. Die haben eine Truppe ganz neuer Apostel, die das mit dem Sündenvergeben trainieren."

Maik hatte auch ein Buch dabei, in dem man diese neuen Apostel sehen konnte. Ich war ehrlich gesagt ziemlich verwirrt, denn diese Apostel sahen so aus wie die Männer von der Volksbank: Sie trugen Brillen, Anzüge und Krawatten und bei dem einen konnte man die Hosenträger sehen, die er tragen musste, weil der Gürtel über seinem Bauch nicht richtig zuging.

Ich verstand überhaupt nicht, was die Leute an diesen Aposteln fanden. Sie sahen überhaupt nicht aus wie Apostel.

Nur wenige Stunden später war die Hölle los in Untermöckelsmühl.

Nachts klingelte das Telefon wie wild und eine schluchzende Stimme faselte irgendetwas Unverständliches. Dann legte sie auf und im gleichen Moment klingelte es an der Haustür Sturm. Als ich verwirrt aufmachte, standen zwei

Polizisten vor der Tür und fragten, ob sie mal kurz reinkommen dürften. Mir blieb nichts anderes übrig, obwohl ich mich im Schlafanzug vor zwei Ordnungshütern nicht gerade sehr wohl fühlte. Sie machten sehr ernste Gesichter. Irgendetwas Entsetzliches musste passiert sein.

Zum Glück waren Friedrich und Erwin nicht aufgewacht. Adelheid kam mit großen Augen, hatte sich den Morgenmantel übergeworfen und brachte mir meinen auch mit.

„Was ... was ist denn los?“, fragte sie.

„Jetzt setzen Sie sich erst mal hin“, sagte einer der Beamten, der sich mir als Erwin Buschke vorstellte. Seltsam, trug er doch den gleichen Namen wie unser Haustier. Ich musste ihm nachher unbedingt von unserem Kreuzkaninchen erzählen.

Adelheid und ich setzten uns.

„Haben Sie einen Schnaps da?“, fragte Erwin Buschke.

Ich fand es ehrlich gesagt eigenartig, dass ein Polizist, bevor er eine Untersuchung beginnt, nach Schnaps fragt, aber Adelheid war schon aufgestanden und holte den Linie Aquavit heraus. Ausgerechnet das teuerste Getränk. Sie hätte auch einen einfachen Obstler nehmen können. Mit zitternden Händen schob sie den Polizisten zwei Gläser zu und goss ein.

„Nein, nein“, grinste Erwin, „doch nicht für uns. Für Sie selbst!“

„Wieso?“, fragte Adelheid mit dünner Stimme. „Ist es so schlimm?“

„Ziemlich!“

Jetzt meldete sich der andere Polizist, Kurt Masur, zu Wort, beteuerte aber gleich, dass er nicht mit dem berühmten Dirigenten verwandt sei.

„Also, Herr W.“, sagte er, „ist es richtig, dass Sie gestern Abend vier Gäste zum Essen bei sich hatten?“ Er las die Namen vor.

„Ja, ja, das stimmt." Ich lachte kurz auf. „Es sollte so eine Art Henkersmahlzeit sein."

Erwin blickte mich forschend an.

„Eine ... Henkersmahlzeit?", wiederholte er, als ob ich undeutlich gesprochen oder er es nicht richtig verstanden hätte. Doch nach meinem Training mit den Korken und meiner kurzen Studioerfahrung gab ich mir gerade beim Sprechen große Mühe.

Erwin blickte bei dem Wort *Henkersmahlzeit* seinen Kollegen, Herrn Masur, an und machte ihm ein Zeichen, dass er das Wort „Henkersmahlzeit" aufschreiben solle.

„Ja, also, das mit der Henkersmahlzeit muss ich Ihnen kurz erklären", sagte ich etwas verunsichert und erzählte von unseren letzten vier Mitgliedern.

„Aha", sagte Erwin nur, „bedeutet das, dass Sie auf diese letzten vier Menschen einen besonderen", er machte eine Pause und suchte nach dem richtigen Wort, „ ... Hass hatten?"

„Wieso das denn?"

„Was ist denn eigentlich passiert?", unterbrach uns Adelheid und ihre Stimme hatte einen schrillen Unterton.

„Na, dann trinken Sie erst mal einen Schluck", sagte Masur.

Ich nippte an dem Linie und fand es nun doch gut, dass Adelheid keinen billigen Obstler genommen hatte. Oft stellte sich nämlich heraus, dass Adelheid aus Versehen die richtigen Entscheidungen traf.

Der Linie wärmte auf wohltuende Art meinen Bauch.

Erwin Buschke räusperte sich.

„Tja, Herr W., also, um es kurz zu machen, Ihre vier Gäste von gestern Abend sind alle tot! Ich muss Sie bitten, sich anzuziehen und mit uns aufs Revier zu kommen!"

„Was?", rief ich entsetzt.

„Tot? Aber ... aber gestern Abend lebten Sie doch noch", stammelte ich.

„Nach der sogenannten Henkersmahlzeit nicht mehr lange", erklärte Kurt Masur.

Was sollte ich nur tun?

Mir blieb nichts anderes übrig, als mitzugehen und die schluchzende Adelheid zurückzulassen.

Da ich ja sowieso nichts zu tun hatte, machte es auch für die nicht bestehende Gemeinde nichts aus, dass ich nun auf der Wache meine Zeit verbrachte.

Ich wurde genauestens ausgefragt über alles. Ob ich einen Hass auf die Vier gehabt hätte und so, denn schließlich hätte das Wort Henkersmahlzeit in diesem Zusammenhang einen eigenartigen Klang. Ob mir das nicht auch selbst aufgefallen wäre?

Allmählich wurde ich nervös. Ich stand plötzlich von heute auf morgen unter Mordverdacht und an allem war Mückenschlag schuld. Hätte er sich nicht dahintergeklemmt, dass in meiner Nähe so viele Kirchen und religiöse Gemeinschaften aufgebaut worden wären, hätte es keinen so starken Mitgliederschwund gegeben und ich hätte keine letzte Mahlzeit mit den verblichenen, ich meine verbliebenen Mitgliedern eingenommen.

Schließlich brachte das Labor zwei Tage später die Lösung: Die Mayonnaise in meinem Kartoffelsalat war schlecht gewesen und hatte sich zu einem starken Gift entwickelt, das die Vier dahingerafft hatte. Da aber Adelheid und ich von dem Salat fast nichts gegessen hatten, waren wir verschont geblieben.

Die Polizei hatte schließlich eingesehen, dass wir keine Giftmörder waren und dass alles ein tragischer Unfall gewesen war. Ich machte wahrscheinlich auf die Beamten einen recht unschuldigen Eindruck.

Selbstverständlich erklärte ich mich bereit, selbst die Beerdigung durchzuführen, als besonderer Service, obwohl die vier Toten ja keine Kirchenmitglieder mehr gewesen waren und somit keinen Anspruch mehr auf eine kirchliche Beerdigung gehabt hätten. Sie waren zwar bei mir ausgetreten, aber noch nicht in eine neue Gemeinschaft eingetreten. Zumindest diesen letzten Dienst wollte ich für die Vier noch tun. Das war ich ihnen schuldig, da sie mit so großem Appetit und Vertrauen meinen vergifteten Kartoffelsalat gegessen hatten.

Zwischendurch wurde mir klar, dass ich durch den plötzlichen Tod der letzten vier ausgetretenen Mitglieder unserer Kirche einen Mitgliederstand von minus vier hatte. Das war, meinte ich, einmalig auf der Welt. Ich hatte noch nie von einer Kirche gehört, die einen Mitgliederstand von minus vier hatte. Vielleicht sollte ich einen Antrag auf Aufnahme im Guinessbuch der Rekorde stellen.

Obwohl ich normalerweise Beerdigungen liebe, weil man da nicht dauernd lächeln muss, tat ich mich doch etwas schwer mit der Beerdigungsansprache. Was sagt man als Pfarrer, wenn man die vier Toten, die vor einem im Sarg liegen, praktisch selbst ins Jenseits befördert hat? Natürlich alles aus Versehen, aber aus Versehen vergiftet ist trotzdem tot.

Sollte ich sagen: „Tut mir wirklich leid, Leute, aber das war nicht beabsichtigt?“

Oder: „Unser letzter Abend war ein ganz besonderer Abend?“

Die meisten Verwandten der Toten blickten mich seit dem plötzlichen Tod ihrer Lieben missmutig an, als sei ich schuld. Dabei war es doch der Kartoffelsalat! Nur die Leute von der alten Frau schienen ganz glücklich zu sein, weil sie etwas erben würden.

Na ja, ich hab mir dann vorgenommen, vom Leben der Vier zu erzählen und dass sie so bescheiden gewesen seien und sich quasi bei mir entschuldigt hätten, dass sie ausgetreten waren. Eigentlich wollte ich auch noch was über die Auferstehung sagen, obwohl ich da meine starken Zweifel hatte. Ist es nicht besser, wenn der ganze Mist, den jeder so verzapft, aus und vorbei wäre, wenn man stirbt? Wie auch immer, ich quälte mich jedenfalls mit der Predigt herum.

Waren Sie schon einmal bei einer Beerdigung?

Dann wissen Sie vielleicht, dass eine halbe Stunde vorher schon die Leute auf den Stühlen sitzen und lautlos warten. In einer Friedhofskapelle ist es unheimlich still. Jedes kleinste Geräusch klingt übermäßig laut. Wenn jemand die Nase hochzieht zum Beispiel oder mit einem Bonbonpapier knistert. So wie in der Schule, wenn Klassenarbeiten geschrieben wurden.

Wenn jemand hustete, kam einem das wie eine Explosion vor.

Als ich den Raum betrat, bevor ich den Talar überzog, standen vier Eichensärge vor dem Rednerpult. Sie waren über und über mit Blumen bedeckt. Die Gestecke mussten ein kleines Vermögen gekostet haben, ganz zu schweigen von den Eichensärgen. Viele nehmen ja heutzutage Särge aus Holzimitat. Die sind billiger und müssen ja nur den kurzen Weg zum Grab halten.

Während ich schweigend vor den Särgen stand, dachte ich an eine Idee, die ich letztes Jahr gehabt hatte: Eigentlich müsste man Beerdigungen und Geburtstage zusammen feiern. Eine Beerdigung ist ja auch so etwas wie ein Geburtstag, nur in einer anderen Welt. Man könnte sich die Kosten teilen, zumindest die Saalmiete. Und zu den belegten Brötchen kämen eben noch ein paar Torten dazu. Die traurigen Leute würden von den Geburtstagsgästen aufgeheitert werden und die Geburtstagsgäste wären nicht ganz so ausgelassen. Die eigentliche Feier wäre dann in zwei getrennten Sälen, aber hinterher würde man eben zusammen Kaffee trinken. Es müsste eine ziemlich buntgemischte Gesellschaft geben, in der immer ein Schwarzgekleideter neben einem Geburtstagsgast sitzt und sich gegenseitig Stories vom Geburtstagskind und vom Verstorbenen erzählt und alle hätten etwas davon.

Na ja, ist nur so ein Gedanke, der mir mal gekommen ist. Wär' mal was Neues.

Jedenfalls, die Feier ging los und ich erzählte so recht und schlecht aus dem Leben der Vier. Dann kamen noch ein paar Bibelworte, die ich gerne zitiere, zum Beispiel:

„Tod, wo ist dein Stachel?"

Aber das stärkste Wort ist immer noch das von Paulus: „Es wird gesät verweslich und wird auferstehen unverweslich."

Hört sich knallig an.

Und gerade, als ich diesen Satz gesagt hatte, also mit dem „auferstanden unverweslich", klopfte es irgendwo.

Das Klopfen klang in meinen Ohren unglaublich laut, weil es vorher so unglaublich still gewesen war. Die meisten drehten sich irritiert um.

Ich dachte zuerst, dass es ein verspäteter Teilnehmer war und rief zur Tür hin: „Kommen Sie herein!"

Aber niemand öffnete die Tür. Dann fiel mir auf, dass das Klopfen von den Särgen her kam.

Ich war zunächst völlig durcheinander, sagte mir aber: Moment mal! Wenn es in einem Sarg klopft, muss derjenige, der drinnen liegt, klopfen und wenn er klopft, dann ist er möglicherweise nicht tot!"

Das Klopfen wurde immer heftiger. Nicht nur bei einem

Sarg, sondern auch bei den anderen. Ein Raunen und Erschrecken ging durch die Trauernden.

Plötzlich stand jemand auf und rief: „Herr Schwarz!" (So hieß der Beerdigungsunternehmer) „Machen Sie sofort die Särge auf!"

Eine Frau kreischte und ich sah, wie zwei andere Frauen in sich zusammen sackten.

Der Mann, der gerufen hatte, zwängte sich durch die Reihen, gab mir ein Zeichen und gemeinsam schraubten wir den ersten Sarg auf.

Der Deckel lockerte sich, fiel mit einem enormen Poltern auf die Fliesen, gegen die Kränze und eine weißgekleidete Gestalt richtete sich langsam auf und blinzelte ins Licht.

Es war Maik.

Panik brach aus. Leute liefen schreiend davon, aber wir ließen uns davon nicht beeindrucken. Gemeinsam mit Herrn Schwarz machten wir die anderen Särge ebenfalls auf und überall bot sich uns das gleiche Bild: Die Toten erhoben sich blinzelnd.

Jemand rief: „Ein Wunder! Ein Wunder ist geschehen! Pfarrer W. hat die Toten lebendig gemacht mit seinem Satz über die Auferstehung!"

Jetzt liefen alle durcheinander. Die Mutter von Maik fiel ihrem weißgekleideten Sohn um den Hals und schluchzte hemmungslos. Kerzen fielen um, eine Kranzschleife fing Feuer, wurde aber von den Auferstandenen ausgetrampelt. Handys klingelten und von weitem hörte ich das Martinshorn.

Ich setzte mich in die erste Bank. Mir war ganz schwindelig. Wenn vorher eine starre Stille geherrscht hatte, war jetzt die Hölle los oder der Himmel, wie man's nimmt.

Adelheid setzte sich neben mich und hielt meine Hand. Die Mutter von Maik kniete neben mir und küsste mir die andere Hand.

Die Verwandten der anderen Toten bedankten sich ebenfalls. Nur die Angehörigen der alten Frau standen irritiert vor dem Sarg. Wahrscheinlich hatten sie das Erbe in Gedanken schon verteilt und ärgerten sich jetzt, dass sie weiter warten mussten.

„Lass uns nach Hause gehen", flüsterte ich zu Adelheid, „mir ist irgendwie schlecht."

Schwankend erhob ich mich und hakte mich bei Adelheid unter, die mich zum Auto brachte. Die Beerdigung hatte sich ja jetzt erledigt und die Gräber waren umsonst ausgehoben worden.

Am nächsten Morgen sollte ich abermals zur Polizei kommen. Man begrüßte mich mit Handschlag. Wir kannten uns ja schon durch den Giftmord und jetzt sollte ich über das Gegenteil verhört werden. Ich glaube, die Beamten kamen sich zeitweise ziemlich verarscht vor.

Einige Tage später tauchte das Privatfernsehen auf und filmte mit mir zusammen die Szene in der Friedhofshalle. Schauspieler legten sich in die Särge und ich musste so tun, als ob ich das Klopfen zum ersten Mal hörte, obwohl wir es zehnmal wiederholten, bis alles richtig war und dann machte ich den ersten Sarg auf. Der Schauspieler tat so, als wunderte er sich, wie er in den Sarg gekommen war. Wir mussten die Szenen dann doch noch einmal drehen, weil Herr Schwarz darauf bestand, auch beim Aufmachen gefilmt zu werden.

Der Schauspieler sollte dann beim Aufwachen sagen: „Was ist hier los?" Und ich sollte ihm die Hand auf die Schulter legen und sagen: „Die Auferstehung ist hier los!"

Ich hatte ein langes Gespräch mit dem Superintendenten

und der Bischöfin. Sie wollten genau wissen, wie ich das gemacht hatte. Aber ich wusste es ja selber nicht.

Am nächsten Sonntag war unsere Kirche gerammelt voll und die Versammlungshäuser und Kirchen der Mormonen, Zeugen Jehovas, der Neuapostolischen, Katholiken und Freikirchler waren ziemlich leer, schätze ich.

Meine Predigt bestand hauptsächlich darin, mein Erlebnis in der Friedhofskapelle zu erzählen. Als ich den Satz sagte: „Es wird gesät verweslich und wird auferstehen unverweslich" und als ich dann gegen die Kanzel klopfte und schilderte, wie wir den Deckel abgenommen hatten, klatschten alle.

Jetzt wollten plötzlich alle wieder bei mir Mitglied werden, auch Leute, die nie zuvor eine Kirche von innen gesehen hatten. Wahrscheinlich sagten sie sich: Wenn der Pfarrer Tote auferwecken kann, dann kann er auch noch ganz andere Sachen machen.

Ich kam vom Schreibtisch kaum noch weg, wegen all der neuen Mitglieder, die Aufnahmeformulare brauchten. Die meisten waren zwar getauft, aber dennoch hatte ich in den ersten Tagen genug damit zu tun, den Rest zu taufen. Zum Glück haben wir in der lutherischen Kirche kein großes Taufbecken, sondern eine kleine Taufschale. Wenn ich weiter im Swimmingpool getauft hätte, wie damals bei Frau Semmelrogge, wären mir wahrscheinlich an den Zehen Schwimmhäute gewachsen.

Manchmal hatte ich vor lauter Eintritts- und Taufterminen keine Zeit mehr zum Essen. Adelheid kam öfter mit einer Platte vorbei, auf der Käse- und Lachsschnittchen lagen, die ich zwischendurch aß, während ich im Arbeitszimmer saß oder mit nassen Händen neben der Taufschale hantierte.

Unsere Kirche wuchs auf sechstausend Mitglieder. Ich war

in mehreren Talkshows und einmal habe ich Mückenschlag von weitem gesehen, wie er mit grauem Gesicht in einer Ecke stand. Fast tat er mir leid, aber dann dachte ich daran, wie er mir das Leben schwer gemacht hatte mit den vielen Bauvorhaben und das hielt das Mitleid dann doch zurück. Klar, man sollte als Pfarrer bereit sein zu verzeihen, aber das braucht manchmal Zeit und ein bisschen Schadenfreude ist auch nicht von Pappe.

Nach ein paar Monaten sagte der Superintendent zu mir, dass das so nicht weitergehen könne. Allein das Begrüßungsgeld würde Unsummen verschlingen, bei sechstausend immerhin sechzigtausend Euro. Außerdem sollte ich die Arbeit nicht mehr alleine machen. Drei Pfarrer würden angestellt werden, um den Laden am Laufen zu halten. Darüber hinaus wäre es besser, wenn ich meine Stelle wechseln würde, damit kein Heiligenkult entstehe.

Man hatte nämlich gesehen, wie jemand meine Unterhosen und Socken von der Wäscheleine klaute, um sie Kranken auf den Bauch zu legen oder auf den Kopf, je nachdem.

Außerdem hätte er, also der Sup., einen anonymen Brief bekommen, in dem drinstehe, dass die ganze Sache ein riesiger Schwindel sei.

Aus zuverlässigen Quellen wüsste er, also dieser miese Briefschreiber, dass in dem Kartoffelsalat ein Stoff gewesen sei, der Leute kurzfristig ohnmächtig mache. Und wenn ich nicht schleunigst woanders hingehe, würde er seine Informationen der Bildzeitung weitergeben und das wäre für die Kirche ein echter Skandal.

Der Sup. blickte mir tief in die Augen und sagte, dass er eine Laboruntersuchung angeordnet hätte und da sei tatsächlich herausgekommen, dass in der schlechten Mayonnaise ein Stoff gefunden worden sei mit dem Namen: H6c23 oder so ähnlich, der Leute scheintot werden lässt. Und, so leid es ihm tue, ich müsse gehen. Er könne nicht riskieren, dass dieser Briefschreiber das schöne Image der Kirche wieder zerstöre. Ob ich eine Ahnung hätte, wer das gewesen sein könnte?

Ich dachte sofort an Mückenschlag, sagte aber nichts, sondern ballte in der Hosentasche meine Faust. Nachts knirschte ich mit den Zähnen, sodass Adelheid mich wecken musste.

Meine neue Gemeinde sollte übrigens in Krassnik sein, einem völlig unbekannten Ort an der tschechischen Grenze. Da sollte ich erst mal zur Ruhe kommen. Ich war etwas geknickt, weil es sich einfach nicht gut anhört: Krassnik. Aber es blieb mir nichts anderes übrig. Auch dort sollte ja das Reich Gottes gebaut werden.

So packten wir wieder die Umzugskartons und bestellten den Umzugservice.

Während wir die Koffer packten, dachte ich die ganze Zeit: Also war doch alles Schwindel mit der Auferstehung! Und wenn ich Mückenschlag zu fassen kriege, verwandle ich ihn in ein Kaninchen und male ihn gelb an, ohne Kreuz drauf, versteht sich. Ich nahm mir auf jeden Fall vor, den Namen der Mayonnaise aufzuschreiben. Für alle Fälle.

8

Krassnik! Ein Ort, wo Fuchs und Hase sich gute Nacht sagten. Der Vorteil daran war, dass man sich als Pfarrer dort nicht totarbeiten musste. Adelheid und ich hatten viel Zeit füreinander, die wir dazu nutzen wollten, noch mehr Kinder zu kriegen, aber Adelheid wurde einfach nicht mehr schwanger. Ich kam mir schon selber wie ein Kaninchen vor, das sich verzweifelt vermehren wollte, bis Adelheid sagte, sie würde meine Bemühungen schon zu schätzen wissen, aber wir sollten doch mal mit den Vermehrungsversuchen eine Pause machen.

Mir war das auch recht, weil ich eine gewisse Schwäche bei mir entdeckte und mir mit der Zeit das ewige Essen von Sellerie und Eidottern auf die Nerven ging.

So konzentrierte ich mich auf unseren Sohn Friedrich und brachte ihn oft morgens in den Kindergarten, der in Fußentfernung zu unserer Wohnung lag.

Unser Kindergarten war sehr schön. Mit hellem Holz innen, wo die Kinder sich wohlfühlten. Jedenfalls sagten das die Erzieherinnen. Und dann musste es wohl auch stimmen, obwohl Friedrich meistens anderer Meinung war. Oft schrie er, wenn ich ihn wegbrachte und sagte, da sei ein Junge, der hieße Boris, käme aus Russland und würde immer die anderen verprügeln und nur, weil sie zu ihm sagten: „Du fettes Schwein“, was ja eigentlich stimmte und ganz harmlos war, denn das sagte Bernhard von nebenan immer zu seiner Mutter, die ein bisschen dick ist und die stört das doch auch nicht. Sie lacht dann immer so komisch und sagt zu Bernhard: „Du böser, böser Junge.“

Ich schüttelte nur den Kopf, als Friedrich mir das alles erzählte. Also, ich weiß nicht, in was für einer Zeit wir leben, wenn ein Kind zu seiner Mutter „du fettes Schwein" sagen darf und niemand unternimmt etwas. Wenn Friedrich das oder etwas Ähnliches zu Adelheid sagen würde, dann könnte ich für nichts garantieren.

Aber Friedrich wusste ja, was sich gehört. Wir hatten ihn gut erzogen. Das stand schon mal fest.

Trotzdem ging er nicht gerne in den Kindergarten, wegen Boris. Einmal wurde Friedrich von Boris verprügelt, weil er eine grüne Wachsmalkreide brauchte, die Boris in einer Ecke gesammelt hatte und nicht hergab. Er hatte alle Wachsmalkreiden gebunkert und sie verteidigt wie einen Schatz aus Gold.

„Du bekommst keine Kreide, die gehören alle mir!", soll er gesagt haben, und Friedrich soll geantwortet haben: „Die gehören uns alle."

„Nein, mir."

Doch Friedrich, der klein und wendig war und nicht so ein fettes ..., ich meine nicht so dick ist wie Boris, griff blitzschnell zu und holte sich eine grüne Kreide.

Aber das fand Boris gar nicht gut und prügelte dann auf Friedrich ein und Friedrich verdrehte ihm dabei die Ohren, bis es weh tat und er losließ.

Seitdem wurde Boris immer laut, wenn Friedrich in seiner Nähe war und fing an, Friedrich zu schubsen oder mit Papierkugeln und Bauklötzen zu bewerfen.

Klar, ich konnte schon verstehen, dass Friedrich seitdem nicht gerne in den Kindergarten ging. Ich wusste, dass ich etwas unternehmen musste.

Ich habe dann bei den Erzieherinnen angerufen und ihnen alles erzählt, aber das schien nichts zu bewirken. Schließlich ging ich dann mit Friedrich in den Kindergarten hinein und wollte selber mit Boris reden.

Boris war noch nicht da, nur eine Praktikantin, die für ihr Praktikum die Kinder fotografierte.

Ich setzte mich neben die winzige Garderobe, wartete auf Boris und kam mir seltsam klein vor. Endlich ging die Tür auf und Boris erschien. Obwohl ich ihn noch nie gesehen hatte, war mir sofort klar, dass das Boris sein musste. Friedrich hatte ihn ganz gut beschrieben.

Ich stand langsam auf und sagte in normalem Tonfall: „Hallo Boris!“ Er drehte sich überrascht um und ich sagte: „Wird mal Zeit, dass wir miteinander reden. Ich bin der Vater von Friedrich.“

„Mit dir rede ich nicht, du fettes Schwein“, sagte er und ging weiter.

Ich stand da wie vom Donner gerührt. Das konnte doch nicht wahr sein.

Mein Puls wurde langsam schneller. Ich ging in den Spielraum, suchte Boris und fand ihn in einer Ecke, wo er gerade zwei Stühle aufeinander stellte.

Ob da nun eine Falte im Teppich gewesen war oder irgend etwas anderes, weiß ich nicht mehr genau, jedenfalls stolperte ich, verlor das Gleichgewicht und fiel Boris vor die Füße, wobei die beiden Stühle auf den Boden polterten. Automatisch griff ich nach einem Halt und hielt Boris am Bein fest.

Der fing gleich an zu schreien: „Hilfe, der Mann tut mir weh!“

Sofort kamen zwei Erzieherinnen auf mich zu und auch die Praktikantin mit ihrem Fotoapparat, die unentwegt knipste.

„Lassen Sie sofort den Jungen los!“, rief die Ältere.

„Das war doch nur ein Versehen“, sagte ich und richtete mich auf.

„Sieht aber nicht so aus. Lassen Sie sein Bein los!"

Ich ließ Boris los. Der wiederum warf sich auf den Boden und wimmerte. Meiner Meinung nach war das die reinste Schauspielerei. Einfach lächerlich.

„Wer sind Sie und was machen Sie hier?" Die Erzieherin baute sich vor mir auf.

Ich starrte sie an und mir kam das Ganze dermaßen dumm vor, dass ich mich umdrehte und wegging. Ich hatte keine Lust, mich von so einer Schnepfe herumkommandieren zu lassen.

„Das ist der Vater von Friedrich!", brüllte Boris. „Er hat mir weh getan. Aua!"

Ich wurde noch wütender, aber stürmte nach draußen und nahm mir vor, Friedrich aus dem Kindergarten zu nehmen.

Am nächsten Tag, als ich beim Frühstück saß und die Zeitung aufschlug, sah ich ein Bild, wie ein Erwachsener auf dem Boden liegt und das Bein eines Jungen festhält. Der Erwachsene war ich. Die Praktikantin hatte die Zeitung verständigt.

„*Kindergartenvater - brutaler Schläger*", las ich voller Entrüstung. Ab da an wusste ich, dass man diese Zeitung nicht ernst nehmen konnte.

Adelheid war entsetzt und regte sich furchtbar auf. Ich erzählte ihr dann die ganze Geschichte und sie sagte: „Du hast aber auch immer Pech, Dankwart!"

„Ich musste mit Boris reden", sagte ich, „weil die Erzieherinnen ja nichts unternommen haben, als dieser Idiot unseren Friedrich verprügelt hat. Ich werde zur Zeitung gehen und die Sache richtig stellen!"

Das machte ich dann auch. Die Zeitungsleute waren sehr

freundlich. Im Nebenraum sagte jemand: „Lasst die Sache am Kochen, das bringt ein paar gute Artikel."

Aber erst als ich zu Hause war und Adelheid davon erzählte, meinte sie, dass es sich nicht um einen Artikel über Kochen handelte, sondern um meinen eigenen Fall.

Jedenfalls habe ich einer Reporterin, Frau Fischhaut, in allen Einzelheiten meine Sicht erklärt und habe dann gefragt, wie es sein könne, dass eine Praktikantin einfach so einen Artikel bei der Zeitung loswurde.

Frau Fischhaut hat sich etwas gewunden, ich will nicht sagen wie ein Fisch, aber so ähnlich. Schließlich kam heraus, dass ein Bekannter der Praktikantin einen guten Draht zum Chefredakteur hatte und so war dann der Artikel zustande gekommen.

Daraufhin war ich erst einmal sprachlos. Das war sicher wieder Mückenschlag. Er wollte mich fertig machen, hetzte mir Frauen mit Kameras auf den Hals, um mich bloßzustellen.

Ich sagte Frau Fischhaut, dass schon seit langer Zeit ein Mann gegen mich integriert ...

„Intrigiert", verbesserte sie mich, „das Wort kommt von Intrige."

„Sag ich ja. Also, Frau Fischhaut", fuhr ich fort, „dieser Mann verfolgt mich förmlich, nur weil ich eine Zeit lang erfolgreicher war als er."

Da wurde sie plötzlich hellhörig und ich erzählte ihr die Sache mit dem Wort zum Sonntag und meiner Kartoffelsalat-Auferstehung.

Sie bekam große Augen, ähnelte immer mehr einer Forelle und machte sich wie verrückt Notizen. Natürlich durfte der Name Mückenschlag nicht genannt werden. Es hieß in dem Artikel, dass ein Akademiker aus dem Rundfunk seine Hände im Spiel gehabt habe.

Am nächsten Tag stand folgende Schlagzeile in der Zeitung: *„Harmloser Vater von einer Schmutzkampagne verfolgt.“*

Ich gönnte mir das Vergnügen, eine Ausgabe der Zeitung an den Hörfunk nach Hannover zu schicken, wo Mückenschlag arbeitete. Anonym natürlich.

Meine Freude wurde aber leicht gedämpft, als ich beim nächsten Gottesdienst das Vaterunser sprach und zu der Stelle kam: „ ... so wie wir vergeben unseren Schuldigern.“

Da wusste ich, dass ich eigentlich Mückenschlag vergeben sollte. Ich nahm mir das als ein Projekt für das nächste Jahr vor. Man sollte sich bei solchen tiefgreifenden Dingen Zeit nehmen und sich voll darauf konzentrieren.

Ein bisschen dachte ich auch daran, dass ich Mückenschlag vorher noch ein paar Sachen unterjubeln könnte, bevor ich in die Vergebungssache einstieg. Dann würde sich auch die Vergebung richtig lohnen.

9

Nach einem halben Jahr in Krassnik und trotz meiner Rehabilitation durch die Zeitung, hatte ich immer noch ein mieses Image. Manchmal, wenn ich durch die Straßen ging, sah ich Eltern, wie sie sich schützend vor ihre Kinder stellten.

Das war wirklich das Letzte. Einmal bin ich auf eine Mutter zugegangen und habe wütend gesagt: „Warum verstecken Sie ihr Kind, wenn ich auf der Straße bin? Meinen Sie, ich werde es durchprügeln?"

„Nein, nein", beschwichtigte mich die Frau.

Ich griff nach dem Jungen, der mich anstarrte und sagte laut: „Na mein Junge, hast du etwa Angst vor mir?"

Aber anstatt, dass dieser Blödian lachend sagte: „Nein, ich hab doch keine Angst", fing er an zu weinen und klammerte sich an seine Mutter, die ihn hastig in eine Nebenstraße zog.

Ich dachte lange darüber nach und kam dann zu dem Schluss, dass ich Ablenkung brauchte. Außerdem, wenn ein bisschen Gras über die Sache gewachsen war, würde sich keiner mehr an die Bilder von Boris und mir erinnern.

Adelheid sagte mir, es gäbe in Berlin eine christliche Konferenz, zu der Pfarrer und andere Leute in Leitungspositionen eingeladen würden, um mehr darüber zu erfahren, wie man seine Gemeinde auf Vordermann brachte. Die Wachstumskonferenz in Süddeutschland sei zwar schon voll, aber in Berlin würde es so etwas Ähnliches geben. Das Hauptrefegerat hörte sich jedenfalls ganz herausfordernd an: „Vom geknickten Rohr zur Pipeline." Komisch, dachte ich, dass die Schrumpfungsbewegung und die Wachstumsbewegung ähnliche Schlagworte benutzten.

So eine Konferenz würde mir sicher guttun, meinte Adelheid, und ich würde Anregungen für die Gemeinde bekommen, die seit diesem verhängnisvollen Zeitungsartikel ziemlich geschrumpft war.

Den Trick mit der vergammelten Mayonnaise wollte ich nicht wiederholen – oder nicht so schnell. Außerdem wusste ich ja nicht, wie viel Mayonnaisegift nötig war für den Scheintod. Es wäre eine Katastrophe, wenn das mit dem Scheintod nicht klappen würde und der Schein wegfiele.

Also meldete ich mich bei dieser Konferenz an und hoffte, dass sie einigermaßen gut war, denn von einem Kollegen hatte ich gehört, das sei nur ein billiger Abklatsch von der Wachstumskonferenz in Süddeutschland.

Ich fuhr also drei Wochen später nach Berlin und hoffte, dass die in Berlin andere Mittel für das Kirchenwachstum hatten, als verdorbene Mayonnaise.

Im Hotel ging es am Anreisetag hoch her, weil dreißig Leute gleichzeitig ihren Schlüssel wollten. Ich bekam ein schönes Zimmer mit einem riesigen Bett. Zuerst stellte ich meinen Koffer neben den Schrank und ging auf die Toilette.

Als ich wieder in den Raum trat, stand gerade eine Frau mitten in meinem Zimmer mit dem Rücken zu mir und zog sich aus.

„Was machen Sie denn da?“, fragte ich.

Sie schrie kurz auf, drehte sich um, hielt ihre Hände schützend vor ihre Brust, was gar nicht nötig gewesen wäre, weil da sowieso nicht viel zu sehen war, und starrte mich erschrocken an.

„Das ist mein Zimmer“, sagte ich.

„Nein, das ist mein Zimmer!“

Rein logisch hätte ich jetzt erwidern müssen: „Das ist also unser Zimmer.“

Aber ich ahnte schon, dass das der falsche Satz gewesen wäre.

„Wahrscheinlich ein Versehen von der Rezeption", meinte ich.

Sie nickte heftig mit dem Kopf.

„Wissen Sie was?", fing ich an. „Ich gehe jetzt noch einmal ins Badezimmer und Sie können sich in aller Ruhe wieder anziehen."

Ich verschwand und wartete einen Augenblick, bis ich sicher sein konnte, dass die Frau wieder bekleidet war. Wahrscheinlich war es angebracht, dass ich als Mann das Zimmer räumte und es ihr überließ.

„Sie können rauskommen", hörte ich sie.

Ich kam aus dem Bad hervor und erklärte ihr, dass ich mir ein anderes Zimmer suchen würde. Für einen kurzen Moment meinte ich, eine winzige Enttäuschung in ihren Augen gesehen zu haben, so ähnlich, als ob sie es gern gehabt hätte, wenn ich geblieben wäre, aber sicher war ich nicht. Es ist sowieso schwierig, Frauen ganz zu verstehen. Außerdem sagte ich mir, würde Adelheid es vermutlich nicht gutheißen, wenn ich erzählte, dass ich auf einer christlichen Konferenz mit einer fremden Frau das Zimmer und das Bett (auch wenn es riesig war) geteilt hätte.

Also ging ich nach unten und bekam ein richtiges Einzelzimmer.

Abends nahm ich noch einen Happen zu mir, zappte durch die Fernsehprogramme und las ein paar Seiten in dem Hochglanzmagazin, in dem das Tagungsprogramm stand.

Die Vorträge klangen nicht schlecht. Ich las etwas von „Du und deine kleine Gemeinde" und: „Alle Grashalme wachsen. Sind wir denn nicht viel mehr als sie?"

Ein anderer Vortrag klang zwar interessant, aber hatte wenig mit meinem Leben im Augenblick zu tun. Das Thema hieß: „Was mache ich, wenn meine Kirche zu voll ist?“

Am nächsten Morgen wollten siebzig engagierte Christen gleichzeitig frühstücken. Es ging hoch her. Ein junger Mann, der sich am Buffet dazwischendrängte, wurde rigoros zur Seite geschoben. Ein starker Sinn nach Gerechtigkeit machte sich plötzlich breit. Ich kam mir vor wie in einer Schafherde, die sich in der Wüste auf einen kleinen Streifen Gras stürzt.

Natürlich waren auch die Busse und S-Bahnen übervoll von Kongressteilnehmern und ich war zwischen einem Ehepaar eingeklemmt, das sich lautstark über neuartige Gottesdienste unterhielt und gleichzeitig einen fauligen Mundgeruch hatte. Ich finde, das passt einfach nicht zusammen: Neue Gottesdienste und Mundgeruch.

Endlich waren wir an dem riesigen Konferenzzentrum angelangt, mussten unsere Namensschilder vorzeigen und strömten in die Halle, aus der irrsinnig laute Musik herausdröhnte.

Ein dicker Typ mit einem winzigen Kinnbart tanzte auf dem Podium hin und her und sang davon, dass Jesus ein König, ein Lamm, ein Diener und ein Löwe ist und dass man ihn immerzu hochheben müsste.

Wahrscheinlich, um ihn besser sehen zu können.

Einen Sinn konnte ich in dem Lied nicht entdecken, denn, wenn jemand gleichzeitig ein Lamm und ein Löwe ist, müsste er sich ja selbst auffressen können oder aber hochgradig schizophren sein.

Als nächstes kam ein ruhiges Lied dran, das von Wasserströmen handelte, von Gras, von neuen Weiden, von steinigen Pfaden und von Wölfen.

Ich wunderte mich, dass die Lieder so viel von Tieren erzählten, aber nicht jeder lebte ja auf dem Land und in Berlin ist es vielleicht gut, die Tierwelt wieder zu betonen.

Dann kam ein Mann, der den Redner ankündigte und ihn unglaublich lobte, was er schon alles getan hätte und so. Er sei wohl der beste Redner überhaupt und nebenbei hätte er eine Frau und sechs Kinder, was an sich schon eine Leistung sei. Und dieser fantastische Redner habe ihn oft beschämt, weil er immer so hilfsbereit wäre und seine Vorträge seien - wie gesagt - weltweit die besten.

Vermutlich hatte deswegen der Ankündiger auch nicht selber den Vortrag gehalten, sonder dieser Supermann, auf den ich nun wirklich gespannt war.

Dann kam der so toll Angekündigte und die Leute klatschten wie wild, obwohl er noch gar nichts gesagt hatte. Er erzählte dann gleich, wie toll es ist, in Berlin zu sein und dass diese Stadt von allen Städten der Welt von Gott ausgezeichnet sei, weil so viel passiert ist und der Hauch der Geschichte fast ständig durch die Straßen wehe. Gott sei stolz auf Berlin, sagte er. Und er, also der Redner, sei unheimlich froh, hier zu sein und Gott in dieser wunderbaren Stadt dienen zu dürfen mit seiner bescheidenen Gabe, die unbedeutend ist im Licht der Ewigkeit.

Ich war verwirrt. Wem sollte ich nun glauben, dem Angeber von vorhin oder dem Gesäusel des Hauptredners?

Endlich legte er los und ging, während er redete, auf der Bühne auf und ab und ich dachte, vielleicht sollte ich das auch mal bei meiner nächsten Predigt machen. Es wirkte dynamisch.

„Ich möchte euch mal was fragen“, begann er, „wie viele von euch sind schon in ihrem Leben enttäuscht worden?“ Fast alle Hände gingen hoch und meine natürlich auch. Er selbst hob sogar seine eigene Hand gleich als erster.

„Und wie viele von euch haben schon einmal im Lotto eine Million gewonnen?"

Er selbst hob schon wieder die Hand und ich dachte, kein Wunder, dass er immer volle Kirchen hat. Wahrscheinlich gibt er nach dem Gottesdienst prophetisch die richtigen Zahlen zum Tippen weiter.

Jedenfalls gab es extrem wenig Hände, die hoch gingen. Eigentlich hob keiner die Hand, außer dem Starredner.

„Und wie viele von euch wollen eine Million gewinnen?"

Diesmal gingen mehr Hände hoch und auch schon wieder die von dem Redner und ich sagte zu meinem Nachbarn: „Der Bursche ist ja unersättlich. Erst gewinnt er eine Million und dann will er gleich die zweite haben!"

Aber der Mann schaute mich nur verständnislos an. Ziemlich humorlos, wie ich fand.

„Und jetzt die gute Nachricht", brüllte der Redner, „ihr bekommt die Million von Gott." Er machte eine Pause und wir waren nun echt gespannt, wie das gehen sollte. Aber ich sagte mir, wenn 800 Leute sechs Richtige haben, kann eigentlich niemand eine Million gewinnen.

Der Redner sah uns ein paar Sekunden an, dann sagte er: „Wenn ihr glaubt, dass Gott euch liebt, dann ist das mindestens eine Million wert, denn es ist die beste Medizin gegen Enttäuschungen!"

Jetzt lachten alle und klatschten begeistert. Ich fand das ehrlich gesagt überhaupt nicht komisch. Klar, es ist schön, wenn Gott einen liebt, aber eine Million Euro zu bekommen, ist doch irgendwie noch handfester. Zweihunderttausend würden mir aber auch schon reichen, sagte ich mir.

Als nächstes redete er darüber, wie fantastisch das Volk Israel in der ägyptischen Gefangenschaft gewachsen sei und hat aufgezählt, wo auch wir alle irgendwo gefangen sind, nicht so wie die Israeliten, sondern eher innerlich.

Immer wieder blieb der Redner stehen und fragte in die Masse: „Wo ist dein Ägypten?“

Auch wenn man in Ägypten, in der Gefangenschaft lebe, sagte er und fing wieder an, über die Bühne zu wandern wie ein Tiger hinter Gittern, auch wenn man gefangen sei, sei das kein Hinderungsgrund, zu wachsen. Schließlich erzählte er noch eine rührselige Geschichte von einem Typen, der im Krieg ein Bein verloren hatte, in Kriegsgefangenschaft geraten und ziemlich enttäuscht gewesen war. Dann war er Gott in die Hände gefallen und hatte zum Schluss drei Beine, weil er auf dem einen Knie und seinen beiden Händen gekrabbelt ist, wenn er schnell irgendwo hin wollte. Später schrieb er dann ein Buch mit dem Titel: „Ich bat Gott um ein Bein und bekam drei!“ Das Buch könne jeder Zuhörer nachher auf dem Büchertisch kaufen mit Widmung zu einem Sonderpreis und es gäbe zumindest einen, der das Buch gelesen hätte und begeistert davon sei und das sei Gott.

Zum Schluss sollten wir die Augen schließen und ganz fest unseren Wunsch Gott hinhalten. Ich versuchte es, aber kam von den zweihunderttausend Euro nicht mehr los.

Die Zeit war rum und wieder sprang der dicke Typ mit dem dünnen Kinnbart auf die Bühne und sang seine Tierlieder weiter. Diesmal behauptete er, dass Jesus mit seinen Füßen den Schlangen die Köpfe zertrete, dass er goldene Kälber zermalme, aber die Vögel regelmäßig füttere und gleichzeitig unsere Haare zähle. Keine Ahnung, wie Jesus das alles machen soll, aber er ist ja quasi Gott und für Gott ist nichts unmöglich.

Es gab eine Pause, bei der sich Hunderte vor der Cafeteria drängten und fast die gleiche Anzahl vor den Toiletten.

Dann ging es in die zweite Runde. Wir mussten Bienenkörbe bilden, das bedeutet, dass sich immer drei oder vier zusammen tun, um über eine Frage zu reden. Die Frage lautete: „Wenn du willst, dass deine Blumen wachsen, was machst du? Und gelten diese Gesetze auch für deine Gemeinde?"

Die Frage fand ich richtig praktisch. Zufällig hatte ich nämlich Adelheid neulich beim Pflegen der Zimmerpflanzen geholfen und habe dann den anderen drei Bienen erzählt, dass man Pflanzen nach einiger Zeit umtopfen müsse. Das bedeute dann wohl, dass viel mehr Kirchenmitglieder umziehen sollten oder eine größere Wohnung bräuchten. Das Zweite, was mir einfiel, war die Sache mit dem Kunstdünger, den Adelheid ab und zu als kleine Körner in die Gießkanne tut. Das ist ja klar, was das bedeutet:

Kunstdünger sind einfach viele neue Kunst- oder Kulturveranstaltungen, die die Leute in die Kirche locken sollen.

Die anderen redeten dann davon, dass Pflanzen Licht, Wärme und Wasser brauchten. Ganz genau weiß ich nicht mehr, was das bedeuten sollte.

Anschließend turnte wieder der Dicke mit dem winzigen Kinnbart nach vorne und sang diesmal zur Abwechslung Lieder von einer Baustelle: Er verglich Gott mit einem Fundament und einem Maurer, dann mit einem Hammer und einer Sichel, obwohl die ja mehr zur Landwirtschaft gehört. Der Schlagzeuger hämmerte wie wild herum und ein paar Leute standen auf und streckten ihre Hände nach oben, als ob ein Typ mit Pistole hinter ihnen stehe. Danach hat der Redner wieder einen anderen Redner angekündigt und gesagt, dieser Redner würde wirklich den Vogel abschießen, weil Gott ihn gesalbt hätte. Ich habe das nicht richtig verstanden, doch dann kam dieser eingecremte Redner auch schon und sagte seinem Vorredner, dass der auch ein superguter Redner gewesen sei und es sei eine große Ehre für ihn, von jenem angekündigt worden zu sein. Das würde ihn beschämen.

Schließlich schaute der neue Redner ins Publikum und wollte einen Freiwilligen nach vorne bitten. Das Blöde war nur, dass ich genau in diesem Augenblick die Frau von heute morgen, die sich in meinem Zimmer ausgezogen hatte, entdeckt hatte und ihr zuwinkte. So musste ich auf die Bühne, weil alle dachten, ich hätte meine Hand gehoben.

„Wie heißt du, mein Freund?", fragte der Redner.

„Ich heiße Dankwart W.", sagte ich.

„Oh, was für ein dankbarer Name, nicht wahr?" Alle klatschten.

„Dankwart, ich möchte dir eine Frage stellen: Was fällt dir ein, wenn du an Wachstum denkst?"

Ich hatte heute morgen bei meiner persönlichen Gebetszeit an Anke gedacht, die im Krankenhaus lag und Krebs hatte und sagte sofort: „Na ja, da denke ich spontan an Krebs, denn eine Bekannte von mir liegt im Krankenhaus und kommt nicht damit zurecht, dass ihre Lungenzellen immerzu wachsen und nicht aufhören, diese Mistdinger!"

Der Redner, der übrigens Gilbert hieß, wurde etwas weniger freudig und sagte: „O, Bruder, das ist eine Herausforderung. Oh ja, es gibt Wachstum, das nicht gut ist. Aber lassen wir das, denken wir an gute Dinge. Hast du eine spezielle Frage an mich, Dankwart?"

Ich wusste, dass es nicht gut war, gerade mich nach vorne zu holen. Das hätte ich Gilbert gleich sagen können, weil ich mich dann völlig vergesse, wenn Scheinwerfer auf mich gerichtet sind und viele zuhören. Das hängt mit der Schule zusammen und unserer Theatergruppe damals. Ich war immer gut, wenn etwas spontan gespielt werden sollte. Sobald der Scheinwerfer an war, wuchs ich über mich selbst hinaus, aber wie beim Thema Krebs nicht immer auf die gute Art.

Jedenfalls, als Gilbert mich fragte, ob ich eine Frage hätte, kamen einfach die Dinge aus mir heraus, die sich die ganze

Zeit schon in meinen Gedanken befanden und ich sagte: „Weißt du Gilbert, mich beschäftigt die Frage, ob ein Pfarrer, der als Schläger abgestempelt wird, weil er angeblich im Kindergarten kleine Kinder schlägt, ob der auch in seiner Kirchengemeinde Wachstum erwarten kann."

Gilbert schaute mich verblüfft an. Mit dieser Frage hatte er ganz augenscheinlich nicht gerechnet. Er schüttelte bedenklich den Kopf und sagte zum Publikum gewandt: „Applaus für einen Bruder, der uns mit harten Fragen herausfordert."

Alle klatschten, obwohl ich es ziemlich unpassend fand.

„Na ja, um ehrlich zu sein", fuhr ich fort, „ich hab selbst dieses Image in meiner Stadt und deshalb frage ich dich das. Wollte nur mal wissen, was so ein Wachstumsexperte dazu sagt."

Gilbert wiegte langsam den Kopf hin und her. „Ich fürchte, Dankwart, dass du Schwierigkeiten haben wirst, wenn du ein Schläger bist ..."

„Halt!", sagte ich mit Nachdruck. „Ich hab nicht gesagt, *dass* ich ein Schläger bin, sondern dass ich dieses *Image* habe! Das ist ein verdammter Unterschied!"

Gilbert wollte gerade wieder zu einer verständnisvollen Nichtantwort ansetzen, als eine Frauenstimme im Zuschauerraum schrie: „Das ist er! Das ist der Mann, der sich in mein Zimmer geschlichen hat, als ich mich ausgezogen habe!"

Plötzlich wurde es richtig still im Saal. Alle drehten sich zu der Frau um, die – unter uns gesagt – eine Figur wie ein Bügelbrett hatte und wahrscheinlich noch nie von einem Mann beim Ausziehen beobachtet worden war. Wahrscheinlich war das überhaupt das Ereignis des Tages für sie gewesen. Und jetzt stand sie noch mehr im Mittelpunkt. Ungefähr fünfhundert Leute, davon wahrscheinlich zweihundert Männer, starrten zu ihr hinüber.

Ich weiß, wie das ist. Als ich die Totenerweckung mit der

Mayonnaise durchgezogen hatte, stand ich auch plötzlich im Mittelpunkt. Da werden Kräfte frei!

Gilbert verschlug es kurz die Sprache. So etwas hatte er noch nie erlebt. Zuerst ein Pfarrer, der ein Schläger sein soll und dann noch das Gezirpe von einer durchgeknallten Frau. Er fing an, dem Dicken mit dem dünnen Kinnbart Zeichen zu geben. Aber der lächelte ihn nur an und winkte zurück.

„He! Ich hab dich nicht nackt gesehen, du Schnepfe!", rief ich übers Mikrofon zurück. „Und wenn, wär's wahrscheinlich kein Gewinn gewesen! Außerdem war es mein Zimmer!"

Plötzlich fing sie an zu schreien und warf sich hin und her. Leute versuchten sie zu beruhigen und der Sänger hatte jetzt endlich kapiert, dass er Musik machen sollte. Zwei Männer, die ziemlich groß waren und Namensschilder trugen, kamen auf die Bühne und nahmen mich in die Mitte. Aber anstatt, dass sie mich zu meinem Platz zurück brachten, gingen sie weiter bis zum Ausgang, wo sie dann sagten, dass es ihnen leid täte, aber ich müsse für heute gehen und vielleicht auch für morgen. Sie wünschten mir Gottes Segen und seinen Beistand, obwohl ich spürte, dass sie mir am liebsten einen Tritt gegeben hätten.

Auf jeden Fall hatte ich jetzt sowieso keine Lust mehr weiterhin die Wachstumskonferenz zu besuchen und fuhr mit der S-Bahn in mein Hotel zurück. Unterwegs, als ich durch die Straßen fuhr und einen Copy-Shop sah, kam mir der Gedanke, dass die Konferenz in Süddeutschland ja das Original gewesen und dass diese Konferenz hier wahrscheinlich eine ziemlich miese Kopie war.

Noch ganz in Gedanken kam ich beim Hotel an, packte meinen Koffer und setzte mich dann aufs Bett. Da fiel mir ein: Wenn ich zurückfahre, dann könnte ich doch in Hannover einen Zwischenstopp einbauen und endlich mal Mückenschlag aufsuchen und ihn zur Rede stellen! Die Zeit war reif für ein Duell!

10

Es war Frühling, und am Maschsee blühten die Bäume. Ich sah ein paar Ausflugsboote und die Vögel sangen teilweise lauter als das Gebrumm der Autos. Meinen Koffer hatte ich im Schließfach gelassen und schlenderte gemütlich vor mich hin. Das Ganze versetzte mich in eine gute Stimmung. Endlich würde sich der Knoten des unsichtbaren Seils lösen, das Mückenschlag und mich in einer unglückseligen Umarmung zusammenhielt.

Ich stellte mir vor, dass Mückenschlag zunächst aggressiv reagieren, aber dann doch nachgeben würde, weil es ihn ja auch nerven musste, sich immer irgendwelche blöden Sachen gegen mich auszudenken. Wir würden einen Art Schlagabtausch machen und dann wäre die Sache hoffentlich geritzt.

Je mehr die Vögel sangen und je lauter die Autos hupten, desto blödsinniger kam mir die ganze Geschichte vor und ich verstand nicht, warum ich ihn nicht schon viel früher zur Rede gestellt hatte.

Ich kam also an und sagte der Frau im Glaskasten, dass ich Dr. Mückenschlag sprechen wolle.

Sie sah mich an und fragte: „Sind Sie nicht der Pfarrer, der die Leute dazu gebracht hatte, das Wort zum Sonntag mit dem Rücken zum Fernseher anzuhören?"

„Ja. Ganz recht, herzlichen Glückwunsch zu Ihrem Gedächtnis."

„Also, wissen Sie", meinte sie, „das war einfach genial. So etwas habe ich während meiner ganzen Tätigkeit hier noch nicht erlebt. Und ...", sie schaute sich um, „ ...und Mückenschlag“, fuhr sie etwas leiser fort, „hat damals getobt, als die begeisterten Zuschriften eingegangen sind. Schade, dass Sie zu dem letzten Andachtswettkampf nicht gekommen sind.“

Sie räusperte sich: „Soll ich Ihnen eine geladene Pistole mitgeben, wenn Sie sein Zimmer betreten?“

Ich blickte sie fassungslos an, aber sie lachte nur und drückte auf den Summer. „War ein Scherz!“

Ich öffnete die Tür und betrat den Flur.

„Wissen Sie, in welchem Zimmer er ist?“, rief sie mir hinterher.

„Ja, ja, ich kenn’ mich aus!“ Ich erinnerte mich gut an Zimmer 201.

Irgendwie war es schön, dass die Leute meine Andacht immer noch in Erinnerung hatten.

Ein Mann kam mir auf dem Flur entgegen, es war der, der sich beim Pinkeln nicht die Hände gewaschen hatte, aber als er stehen blieb, gab ich ihm diesmal doch die Hand, weil ich einfach annahm, dass er sich in der Zwischenzeit sicher ein paar Dutzend Mal die Hände gewaschen hatte.

Auch er erkannte mich sofort wieder und schwärmte von meiner Andacht mit den blutigen Händen.

Ich ging weiter und näherte mich mit riesigen Schritten Zimmer 201. Noch eine Minute, dann würde sich meine Hand auf die Türklinke legen und sie langsam nach unten drücken. Wie würde Mückenschlag reagieren?

Jetzt stand ich vor der Tür mit der Nummer 201, die mich schwarz und drohend anstarrte. Enthielt sie womöglich eine geheime Botschaft? Vielleicht zwei zu eins? Aber für wen?

Ich wusste, dass diese Sekunden den Lauf meines Lebens entscheiden könnten. Gab es ein reinigendes Gewitter, dann würde vieles glatter laufen, gingen wir ohne Ergebnis auseinander, würden zu meinem Leben noch ein paar Hindernisse dazu kommen. Ich klopfte und wartete. Keine Stimme, die *Herein* rief.

Ich legte mein Ohr an das Türholz und meinte ein scharrendes Geräusch zu hören, als ob ein Stuhl verschoben wurde und es klang nach leiser Musik. Wahrscheinlich hatte Mückenschlag das Klopfen überhört.

Ich überlegte nicht mehr lange, drückte auf die Türklinke und betrat den Raum.

Aber dann blieb ich erschrocken stehen, weil sich mir ein bizarrer Anblick bot. Zwei engumschlungene Körper standen vor mir, mitten im Raum. Sie küssten sich innig, fuhren aber hastig auseinander, als ich die Tür ganz öffnete. Ich tat so, als hätte ich nichts gesehen. Außerdem: Was ist schon dabei? Wahrscheinlich besuchte diese Frau gerade ihren Mann und küsste ihn. Na und? Der Mann war jedenfalls nicht Mückenschlag.

„Kann ich Dr. Mückenschlag sprechen?", fragte ich.

Der Mann räusperte sich: „Dr. Mückenschlag ist nicht mehr in Zimmer 201, sondern im dritten Stock, Zimmer 314."

„Vielen Dank", sagte ich und setzte hinzu: „Tut mir leid, dass ich Sie mit Ihrer Frau gestört habe. Es ist im Grunde ja schön, wenn sich ältere Ehepaare noch küssen."

Die Frau sah mich mit großen Augen an und machte stumm den Mund auf und zu.

Schnell verdrückte ich mich, weil ich das Gefühl hatte, etwas Unpassendes gesagt zu haben.

Ich nahm die Treppe, denn ich hatte keine Lust, Mückenschlag im Aufzug zu treffen. Wahrscheinlich würde er auf den Ausschalter drücken, den Aufzug anhalten und mich mit einer Pistole bedrohen.

Endlich stand ich vor Zimmer 314 und klopfte. Nichts

rührte sich. Ob es sich herumgesprochen hatte, dass ich im Haus war und Mückenschlag sich nun absichtlich ruhig verhielt? Sollte ich umdrehen? Aber ich war jetzt hier und wollte die Sache durchziehen, also drückte ich auf die Klinke und öffnete die Tür.

Das Büro sah neu aus und roch auch so: Helle Möbel, ein halbrunder Schreibtisch, aber niemand saß auf dem Stuhl. Das Zimmer war leer.

Von irgendwoher hörte ich Stimmen. Ich ging zu der gegenüberliegenden Tür im Raum und horchte. Tatsächlich sprachen zwei Männer miteinander, denn die Tür war nur angelehnt. Ich vergrößerte vorsichtig den schmalen Spalt und sah Mückenschlag von der Seite, der sich gerade mit einem Mann unterhielt. Ich konnte jedes Wort hören.

„Und wie viel Geld wollen Sie nun inoffiziell anlegen?", fragte der Mann Mückenschlag, wobei er das Wort „inoffiziell" seltsam betonte.

Mückenschlag räusperte sich und drehte die Armbanduhr hin und her.

„Es handelt sich um ...", die Zahlen waren so leise gesprochen, dass ich sie nicht verstehen konnte.

„Wie bitte? Ich hab Sie nicht verstanden. Wie hoch war die Summe?"

„Zweihunderttausend Euro", sagte Mückenschlag.

Bei dieser Summe fing mein Herz zu klopfen an. Zweihunderttausend! Das war doch genau die Summe, die ich mir von Gott gewünscht hatte!

Aufgeregt hörte ich weiter zu.

„Okay", nickte der andere, „im Prinzip kein Problem. Wollen Sie alles Geld auf ein geheimes Konto tun oder nur einen Teil?"

„Ich weiß noch nicht."

„Ich würde Ihnen vorschlagen", sagte der Finanzmann,

„dass Sie einen Teil zu Gold machen. Das taucht in der Steuererklärung nicht auf, weil es ja kein Kapital bringt, einen anderen Teil würde ich als Bargeld behalten und nach und nach ausgeben und den größten Teil legen wir in der Schweiz an. Ich kenne da eine Bank, die absolut zuverlässig ist, von den Konten wird nie eine CD gemacht, eine eher kleine, unbekannte Bank. Wenn es je einmal Kontrollen geben sollte, wird sich diese Bank in Luft auflösen ..."

„Und mein Geld wird sich dann auch auflösen?"

„Das wird Ihnen in bar vorher persönlich überbracht. Haben Sie das Geld hier?"

„Ja", nickte Mückenschlag, „drüben im Zimmer in einer Tasche hinter dem Regal."

Ich bekam einen trockenen Mund. Das konnte nicht wahr sein! War das nicht sogar eine Art Gebetserhörung? War das nicht ein Wink Gottes, das Geld zu nehmen? Ohne, dass ich es wollte, schlichen meine Füße zum Regal. Ich schaute dahinter und sah dort tatsächlich eine schwarze Tasche stehen.

Dieses Geld, sagte ich mir, kommt aus einer dunklen Quelle und es wäre sicher nicht richtig, es mitzunehmen. Vielleicht klebt sogar Blut daran. Mückenschlag ist alles zuzutrauen.

Aber andererseits ist und bleibt es eine Gebetserhörung. Wenn ich es schaffe, die Tasche unbemerkt herauszuschmuggeln, würde ich Mückenschlag einen empfindsamen Schlag verpassen. Außerdem würde ich ihm gleichzeitig einen unschätzbaren Dienst erweisen, denn dadurch würde ich ihn zwingen, dieses dunkle Geschäft aufzugeben.

Natürlich würde ich das Geld nicht anrühren, sondern nur irgendwo verstecken oder sogar vernichten. Schließlich war es Geld, an dem die Sünde klebte.

Aus dem anderen Zimmer klangen immer noch die gedämpften Männerstimmen herüber.

Mit klopfendem Herzen zog ich die Tasche hinter dem Regal hervor, schlich damit zur Tür, öffnete sie geräuschlos, verschloss sie wieder und ging in raschen Schritten nicht zum Aufzug, sondern wieder zur Treppe. Dort würde mir – außer vielleicht ein Gesundheitsfanatiker – niemand begegnen.

Ich eilte die Stufen hinunter, den Flur entlang, grüßte zum Glaskasten hinüber, in dem jetzt ein Mann saß (was natürlich genial war, weil er mich nicht kannte), und trat auf den Gehweg hinaus.

Nicht rennen, sagte ich mir. Ganz normal gehen. Ich, Pfarrer Dankwart W., trage in diesem Augenblick eine Tasche, in der sich zweihunderttausend Euro befinden.

Meine Güte, was könnte man mit dem Geld alles anfangen!

Immer wieder drehte ich mich um, aber vom Funkhaus rannte bisher keiner hinter mir her.

Der Bahnhof kam in Sicht. Jetzt schnell zum Schließfach. Während ich meinen Reisekoffer herauszog, kam mir eine wunderbare Idee. Da mein Koffer nicht ganz voll gepackt war, würde ich die schwarze Tasche zu meiner Kleidung dazu legen können und niemand würde die Tasche mehr sehen, selbst wenn Mückenschlag mir jetzt über den Weg laufen würde!

Ich trat in eine Ecke, öffnete den Koffer, tat die Tasche hinein, Koffer zu und fertig. Dann sah ich auf dem Fahrplan, dass mein Zug in fünf Minuten abfahren würde.

Zwei Minuten später stieg ich in den Zug und ging als erstes auf die Toilette. Ich wollte nun mit eigenen Augen das Geld sehen.

Während der Zug langsam anfuhr, holte ich die Tasche heraus, öffnete sie (es gab nicht einmal ein Sicherheitsschloss)

und starrte mit großen Augen auf die vielen Bündel von zweihundert und fünfhundert Euro Scheinen.

11

Ich stand unter Strom. Überall kribbelte es bei mir: Unter der Kopfhaut, im Bauch und an der rechten Wade. Ich ging mit zitternden Beinen und Armen zurück in den Großraumwagen und legte den Koffer mit der Tasche in die Gepäckablage.

Ab und zu blickte ich nach oben, nur um zu sehen, ob noch alles da war.

Wenn jetzt der Zug einen Unfall hätte und alle Gepäckstücke herunterfielen, würde mein Koffer auch auf dem Boden landen, die Geldtasche würde aufgehen und alle Scheine würden wie riesige Schneeflocken zwischen den Verletzten durch die Luft wirbeln.

Schließlich würde herauskommen, dass das Geld aus meinem Koffer gekommen war, und es würde eine Menge unangenehmer Fragen geben.

Immer wieder versuchte ich mich zu beruhigen und mir zu sagen, dass es ja Gott selbst war, der mir dieses Geld geschenkt hatte, nachdem ich ihm auf der Konferenz die Zahl „Zweihunderttausend" in Gedanken hingehalten hatte!

Das Leben war voller Geheimnisse.

Plötzlich wurde ich aus meinen Gedanken gerissen. Ein Mann stand neben mir und fragte mich: „Ist das da oben Ihr Koffer?"

Ich zuckte zusammen und blickte ihn erschrocken an. Was wollte er von mir? Hatte er Röntgenaugen und sah die Geldscheine durch die Kofferwand hindurch?

„Ja", brachte ich schließlich heraus, „das ... das ist mein Koffer."

„Darf ich ihn ein Stück weiter schieben, damit ich meinen daneben packen kann?"

„Sie wollen Ihren ..., Ihren Koffer daneben ...?", stammelte ich erleichtert. „Klar, können Sie machen."

Er schob nichts ahnend meinen kostbaren Koffer zur Seite und wuchtete sein Gepäck daneben.

Als ich mich wieder setzte, merkte ich, wie aufgeregt ich gewesen war, nur weil jemand eine harmlose Frage gestellt hatte. Ich musste mich mehr zusammenreißen.

Wie würde das erst später sein, wenn die Tasche bei uns irgendwo zu Hause lag?

Bei jedem Klingeln an der Tür würde ich zusammenzucken. Zweihunderttausend! Das bedeutete, wenn ich arbeitslos werden würde und wir ungefähr vierzigtausend Euro im Jahr verbrauchten, könnten wir fünf Jahre davon leben! Das wäre eine tolle Sicherheit. Oder wir könnten uns einen Flachbildfernseher kaufen, ein flottes Auto und vielleicht eine elektrische Strickmaschine für Adelheid.

Dann würden wir abends gemütlich Fernsehen und Adelheids Strickmaschine würde vor sich hinsurren, wie eine zufriedene Katze, während wir Wein trinken.

Oder wir könnten eine tolle Reise unternehmen, mit einem Kindermädchen, das sich nur mit Friedrich beschäftigte, während wir die Sehenswürdigkeiten der Länder besichtigten ...

Aber würde es nicht auffallen, wenn wir immer in großen Scheinen bezahlten?

Nein! Nein! Ich wollte ja das Geld nicht anrühren, an diesen Scheinen klebte die Sünde oder vielleicht Blut! Was wusste ich schon von Mückenschlag? Wer so einen Namen hatte, war wahrscheinlich zu allem fähig!

Wie sollte ich die Geldgeschichte überhaupt Adelheid erklären? Sollte ich sagen, ich hätte das Geld auf der Straße gefunden?

Nein! Am besten so erzählen, wie es war. Früher oder später würde sie es doch erfahren.

Wenn ich jetzt an Mückenschlag dachte, musste ich grinsen. Wie ein Wahnsinniger war er sicher gerade dabei, die Tasche zu suchen. Er stellte bestimmt sein Zimmer komplett auf den Kopf, denn er konnte ja schlecht die Leute nach dem Geld fragen. Wahrscheinlich saß er gerade völlig aufgelöst vor seinem Schreibtisch und weinte.

„Ja, ja, weine nur", murmelte ich, „Mückenschlag, du oberschlauer Idiot. Das hättest du nicht gedacht, dass deine Geldtasche verschwindet, was?"

„Was haben Sie gesagt?"

Ich fuhr herum. Neben mir saß der Mann, der seinen Koffer neben meinen gepackt hatte, und betrachtete mich von der Seite. Wahrscheinlich hatte ich laut vor mich hingeredet. Ich wurde rot.

„Ach, nichts!"

„Sie haben eben etwas von einem Idioten und seiner Geldtasche gesagt."

„So ? Hab ich das?" Ich lachte leicht verlegen. „Ähm ... ja, ein Bekannter von mir hat neulich seinen Geldbeutel aus Versehen ins Klo gespült. Im Zug. Und alles war weg."

Je länger die Zugfahrt dauerte, desto nervöser wurde ich. Jetzt hielt der Zug sogar mitten auf der Strecke. Im Lautsprecher knackte es und eine Männerstimme sagte: „Meine Damen und Herren ..."

Ich bekam einen Schreck. Wahrscheinlich hatte Mückenschlag herausgefunden, dass ich im Funkhaus gewesen war, Mückenschlag hatte bei allen Zügen Richtung Süden angerufen, dass sie gestoppt werden sollten und alle Passagiere sollten durchsucht werden, nein nicht alle, er wusste ja, wie ich aussah ...

Mein Gott, das war das Ende!

„Meine Damen und Herren, bitte haben Sie Verständnis, wenn wir auf der Strecke anhalten müssen ..."

Ich wusste, was jetzt kam: *„Herr W., der eine schwarze Tasche mit sich führt, soll sich sofort beim Bahnchef melden, sonst wird die Polizei ...“*

„... wir wurden benachrichtigt, dass auf einem Bahnübergang ein Hindernis liegt, das erst noch beseitigt werden muss. Bitte, haben Sie Geduld. Wir empfehlen Ihnen, während der Wartezeit unser Bistro aufzusuchen. Es gibt frisch gebrühten Kaffee mit einer leckeren Kuchenauswahl.“

Ich schloss vor Erleichterung die Augen.

Dann kam mir die Idee, tatsächlich ins Bistro zu gehen und einen Becher Kaffee zu trinken, aber ich konnte unmöglich meinen Koffer allein lassen oder genauer: die schwarze Tasche. Aber wenn ich die schwarze Tasche ins Bistro mitnehmen würde, wäre es eigentlich kein Problem.

Ich fragte den Mann neben mir, ob er mich rausließe, hob meinen Koffer von der Gepäckablage, holte die Tasche heraus und wuchtete das Gepäck wieder nach oben.

„Ich trink nur mal eben eine Tasse Kaffee“, sagte ich zu meinem Nachbarn und ging den Gang entlang.

Keine Minute zu früh, denn gerade begannen die Leute sich ebenfalls darauf zu besinnen einen Kaffee zu trinken und ich stand ziemlich weit vorn in der Schlange.

Mit den Zweihunderttausend in der einen Hand und der Tasse in der anderen ging ich vorsichtig zu der Sitzbank und stellte alles ab.

Die Tasche platzierte ich halb unter der Bank und halb unter meinen Füßen. Falls sie jemand wegziehen wollte, würde ich das sofort spüren.

Es ist herrlich, eine Tasse Kaffee zu trinken und nach draußen zu schauen, wo Leute hin und herliefen, die irgendetwas erledigten.

Nach zehn Minuten fuhr der Zug wieder an und ich unterhielt mich inzwischen mit einem älteren Herrn, der Briefmarken und Bierdeckel sammelte. Zufällig hatte er auch eine Mappe dabei, in der Fotografien seiner Bierdeckel in Klarsichthüllen abgebildet waren. Auf einen Bierdeckel war er besonders stolz. Er stammte von 1944 und hatte den Aufdruck: *Heil Hitler*.

„Eine Rarität", sagte er, „vielleicht sogar vom Führer persönlich berührt."

Ich hätte jetzt meine Geldtasche aufmachen können und sagen können: „Ob Sie's glauben oder nicht, hier sind satte zweihunderttausend Euro drin. Auch eine Rarität."

Aber ich hielt mich zurück und lächelte nur still in mich hinein. Es ist ein tolles Gefühl, etwas zu wissen, was keiner weiß und genügend Geld für die nächsten Jahre zu haben.

Das stelle ich mir überhaupt gigantisch vor, wenn man von anderen ihre dunklen Geheimnisse kennen würde und sie selbst wüssten nicht, dass ich sie wüsste. Nur ich wusste, was sie nicht wussten, dass ich es wusste, obwohl ich es in Wirklichkeit doch wusste.

Plötzlich wurde meine Station aufgerufen.

Ich erschrak.

„Oh, mein Koffer ist noch im Abteil!", sagte ich zu dem Herrn und hastete zurück.

Die Bremsen kreischten. Ich griff nach dem Koffer, sagte Tschüs und raste zum Ausgang. Gerade stieg der Letzte aus und ich stolperte hinterher.

So, das war geschafft. Die Türen fielen mit Krachen ins Schloss und der Zug fuhr davon. Sollte ich Adelheid anrufen, dass sie mich abholte? Ja, das wäre nicht schlecht. Also ging ich zur Telefonzelle. Zu einem Handy hatte ich mich noch nicht durchringen können.

Aber während ich mein Geld herauskrämte, hatte ich das dumpfe Gefühl, dass irgendetwas nicht stimmte. Aber was?

Da war es mir, als ob ein Feuerstoß durch meine Glieder fuhr. Meine schwarze Tasche, oder vielmehr Mückenschlags Tasche mit dem Geld, lag immer noch im Bistro unter der Bank und fuhr seelenruhig nach Süden. Ich hatte sie in der Hektik total vergessen!

Der Schweiß brach mir aus.

Ich legte den Hörer wieder zurück, weil ich merkte, dass ich nicht in der Verfassung war Adelheid anzurufen. Ich würde den Koffer ins Schließfach tun und zu Fuß nach Hause gehen. Erst einmal allein sein und darüber nachdenken.

Ich zitterte am ganzen Körper.

Das Wetter war immer noch schön, Vögel sangen und zwei wilde Kirschbäume am Straßenrand blühten. Aber ich sah durch alles hindurch. Stumpf ging ich weiter. Die Gedanken überstürzten sich in meinem Kopf.

Was sollte ich tun? Bei der Bahn anrufen? Und dann?

„Schwarze Tasche?“, würden die sagen.

Und ich: „Ja, ich habe eine schwarze Tasche im Zug liegen lassen, im Bistro unter der Sitzbank.“

„Und was ist da drin? Bücher? Kleidung?“

„Nein, das nicht, nur zweihunderttausend Euro.“

Oder sollte ich jetzt sofort mit einem Taxi hinterherfahren und den Zug erwischen? Aber was wäre, wenn der Briefmarkensammler die Tasche schon entdeckt und sie geöffnet hatte? Dann würde ich in die geöffneten Arme der Polizei laufen.

Also, das ging auch nicht. Nach einer halben Stunde, in der ich die Hölle durchlebte, denn ich malte mir aus, dass der Briefmarkensammler eine genaue Beschreibung von mir abgeben konnte, kam ich endlich zu Hause an, erklärte Adelheid in kurzen Worten, dass ich die Konferenz abgebrochen hatte und dass mein Koffer noch im Schließfach sei.

Sie ließ mich zum Glück in Ruhe, fuhr los und holte den Koffer ab. Ich zwang mich, etwas von der Konferenz zu erzählen und sagte, ich sei sehr müde und müsste früher ins Bett.

Mit letzter Kraft betete ich: „Herr, hilf mir! Ich werde auch nie mehr etwas Böses zu Mückenschlag sagen! Hilf, dass sich das Geld in Luft auflöst!"

Selbst nach dem Gebet konnte ich in dieser Nacht kaum schlafen und ich verstand jetzt auch, warum manche Millionäre Selbstmord begingen. Wer zu viel Geld hat, verliert mit der Zeit die Ruhe. Die ganze Zugfahrt über war ich verkrampft und angespannt gewesen.

Nachts träumte ich wirres Zeug von Geldscheinen, die durch die Luft flogen und auf denen überall mein Name abgedruckt war und Mückenschlag stand mit einem Trupp Polizisten im Hintergrund und grinste.

Völlig gerädert stand ich morgens auf. Adelheid hatte in ihrer stillen, frischen Art den Frühstückstisch gedeckt, Brötchen geholt und eine Kerze angezündet. Sie ist einfach rührend. Wir aßen und jeder las einen Teil der Zeitung. Plötzlich gluckste Adelheid vor sich hin.

„Was ist denn?"

„Hier, bei Verschiedenes. Also Sachen gibt's ..."

„Was denn?"

„Gestern wurde im Zug eine schwarze Tasche gefunden, mit sage und schreibe zweihunderttausend Euro, die jemand vergessen hatte."

Ich hielt meine Kaffeetasse wie erstarrt in der Luft.

„Was? Und ... und ... und wie ... ich meine wem gehörte sie?"

„Warum bist du denn plötzlich so aufgeregt? Das ist doch eher lustig. Welcher Idiot lässt denn so eine Tasche stehen? Das würdest selbst du nicht bringen, oder?"

„Und ... steht sonst noch was dabei?"

„Ja! Stell dir vor", sagte sie, „es kam dann heraus, dass es

Falschgeld war. Blüten! Jemand hatte sich einen Scherz erlaubt."

„Was?", ich schrie es fast. „Falschgeld?"

„Ja, Falschgeld! Schrei doch nicht so! Es war doch nicht deine Tasche!"

Falschgeld! Noch nie hatte ich ein Wort so innig geliebt wie das Wort Falschgeld. Was für ein Klang!

Plötzlich erfasste mich eine Erleichterung, die ich so noch nie erlebt hatte. Ich fing an zu lachen und würgte zwischendurch das Wort Falschgeld heraus. Das Problem hatte sich tatsächlich in Luft aufgelöst. Genauso wie ich es gebetet hatte.

O Mann, ich musste mit meinen Gebeten vorsichtig sein, sie erfüllten sich alle! Zuerst die Sache mit den Zweihunderttausend und dann das Luftauflösungsgebet. Aber das war mir jetzt egal. Ich lachte und lachte und konnte nicht mehr aufhören.

Adelheid lachte zuerst mit, aber als ich nicht aufhörte, blickte sie mich stirnrunzelnd an und fragte mich: „Geht es dir gut?"

„Ja. Es ging mir noch nie besser. Adelheid, du bist unbezahlbar. Haha, welcher Idiot lässt denn eine Tasche mit Geld stehen, das würdest selbst du nicht bringen. Haha, Falschgeld!!!"

Allmählich beruhigte ich mich.

„Ich glaube", sagte Adelheid, „die Konferenz ist dir nicht gut bekommen!"

Ich dachte an den Dicken mit dem winzigen Bart und seinen Tierliedern, an die Bügelbrettfrau, an Gilbert, den ich völlig aus der Fassung gebracht hatte und an die beiden höflichen Rausschmeißer und fing wieder an zu lachen.

„Nein, nein", japste ich, „die Konferenz war erste Sahne. Erste! Sahne! Unvergesslich!"

12

Es war ein Segen, dass ich die Tasche im Zug vergessen hatte. Ich stellte mir in den folgenden Wochen vor, was passiert wäre, wenn ich einen Teil des sündigen Geldes ausgegeben hätte und jemand hätte gleich erkannt, dass es falsche Scheine waren. Ich hätte zur Polizei gehen, endlose Fragen beantworten müssen und so weiter.

Nun, das Leben ging seinen Gang an der Seite von Adelheid und Friedrich. Monate, Jahre verstrichen und Friedrich würde bald in die zweite Klasse kommen. Er war überhaupt ein schlauer Kerl und stellte manchmal Fragen, über die ich mich wunderte. Zum Beispiel neulich, als wir über eine Brücke gingen und er am Geländer stand und hinunterblickte.

„Du Papa?"

„Ja."

„Wenn man jetzt an dieser Stelle badet ..."

„Ja."

„Und ... und dann, am nächsten Tag wieder an derselben Stelle, dann ist es doch nicht mehr derselbe Fluss, oder?"

„Wie meinst du das?"

„Das Wasser ist doch weitergeflossen. Das ist doch dann anderes Wasser, also ist der Fluss nicht mehr derselbe Fluss."

„Hm. Ja ... stimmt."

Ich war verblüfft. Auf solche Sachen wäre ich als Kind nie gekommen.

Ob sich Friedrich zu einem Philosophiegenie entwickelte?

Nun, wie gesagt, das Leben ging seinen Gang, oder floss seinen Fluss, um mit Friedrich zu sprechen.

Das Gemeindeleben plätscherte vor sich hin und ich über-

T.

legte, was ich noch anstellen könnte, um die Kirchengemeinde attraktiv für andere zu machen. Nach langem Grübeln fiel mir endlich etwas ein. Ich war ja Pfarrer einer Kirche. Und was macht man in einer Kirche? Man wird getauft, konfirmiert, man heiratet und wird betrauert, wenn man gestorben ist.

Wenn ich nun mit Adelheid zusammen einen kleinen Heiratsmarkt aufziehen würde? Als kleines Bonbon gäbe es eine kirchliche Trauung ganz umsonst dazu, auch wenn man kein Mitglied bei uns ist.

Unser Vorteil war auf jeden Fall, dass wir in der Zwischenzeit viele Leute kannten. Ideal für einen Heiratsmarkt. Auf diese Weise könnte man den Leuten die Kirche wieder schmackhaft machen.

„Besuchen Sie das Haus, in dem Sie getauft worden sind und geheiratet haben!"

Adelheid war von meinem Plan begeistert.

„Wir werden einen Aushang machen und eine Annonce in die Zeitung setzen."

„Aber was genau bieten wir solchen Heiratswilligen an?", fragte ich und mir fiel ein, dass es vielleicht gar nicht so einfach wäre im Detail.

„Wir bieten zum Beispiel schöne und originelle Formulierungen für Heiratsannoncen an."

„Ja, genau", sagte ich, „lass mich mal überlegen."

Ich überlegte.

„Was hältst du von folgendem Satz?, Spinne sucht Fliege, um sie einwickeln zu können`?"

„Eklig", meinte Adelheid und schüttelte sich, „lieber etwas Positives."

„Wie wär's damit: `Ich sehe zwar aus wie ein Bügelbrett, doch bin ich im Bett ganz nett!`

„Aber Dankwart! Es muss etwas Romantisches sein. Denk

doch nur an uns, wie wir Hände haltend beim Schlusslied stehen geblieben sind und uns angeschaut haben."

„Hm", brummte ich und überlegte.

„Jetzt hab ich's: `Mit dir will ich immer stehen bleiben und mich sanft an deiner Nase reiben!`

„Es muss sich doch nicht reimen! Vielleicht könnten wir den Leuten praktische Ratschläge geben, wie sie jemanden kennen lernen könnten."

„Besuchen Sie den Weltgebetstag der Frauen, vielleicht?"

„Nein, allgemeiner. Also: `Stellen Sie sich bei Veranstaltungen auf jeden Fall neben die Frau oder den Mann ihrer Liebe. Es ergeben sich immer irgendwelche Anknüpfungspunkte ..."

„Hast du das damals auch so gemacht?", fragte ich.

Adelheid wurde etwas einsilbig, was ein schlechtes Zeichen bei ihr ist.

Schließlich sagte sie: „Meine Tante hat das so hingedreht ..."

„Ist ja auch egal", meinte ich, „Hauptsache, wir haben uns gefunden und es sogar zu einem Sohn gebracht!"

Dabei fielen mir Friedrichs tiefsinnige Gedanken ein und ich erzählte Adelheid von dem Fluss, der sich ständig ändert.

Auch sie war tief beeindruckt und ich meinte, dass sie sogar eine Träne im Auge hatte.

Dann kam mir die Idee: „Wir nehmen die Sache mit dem Fluss!"

„Was meinst du?"

„Für die Annoncen. Pass auf: `Wenn du bei mir einsteigst, bleibe ich nicht dieselbe. Ich will dein Fluss sein, sei du mein Boot! "

„Hm", meinte sie, „das klingt zumindest besser als dieser Spruch mit der Spinne und der Bügelbrettfrau."

Wir stellten in den nächsten Tagen eine Liste zusammen, was man alles beachten muss, um jemanden kennenzulernen, zum Beispiel:

Zähne Putzen vor dem ersten Date oder auch zum Zahnarzt gehen, wenn die Zähne, zumindest die Vorderzähne, schlecht aussehen. Da überlegt der andere zu lange, bevor er oder sie zum Kuss übergeht.

Oder: Vor jemanden hergehen und etwas fallen lassen, das der andere aufheben kann. Da ergeben sich spontan interessante Gespräche.

Wenn der oder die hinter einem dann sagt: „Hallo! Sie haben was verloren, dann kann man sich bedanken und in leichtem Ton hinzufügen: „Haben Sie auch schon mal was verloren?"

Schon ist man mitten drin im Gespräch.

Tanzen würden wir am Anfang nicht empfehlen. Es ergeben sich zu viele Streitpunkte über die richtigen Schritte. Wenn der Mann dann auch noch führen soll, aber gar nicht führen will, wird es auch schwierig, oder wenn die Frau zu groß ist und der Mann nicht ihr Schulterblatt erreicht.

Kino ist sicher. Es muss allerdings ein harmloser, humorvoller Film sein, kein Gruselschocker oder einer mit zu viel Erotik, das macht am Anfang nur verlegen.

Ich schlug vor, dass Frauen Klettverschlüsse an ihren BHs tragen sollten, weil ich selber daran fast verzweifelt bin. Als Adelheid und ich zum ersten Mal etwas intimer wurden, habe ich diese dummen Ösen nicht aufgekriegt, sodass wir unseren ersten Streit hatten, als ich zur Schere greifen wollte.

Adelheid fand diesen Klettverschlussvorschlag nicht so gut. Das würde so ein komisches Geräusch beim Aufmachen geben und unter der Bluse zu dick auftragen.

Ich dachte mir noch ein paar Dutzend Annoncen aus, zum Beispiel für ältere Leute: „Männlicher Baum im Herbst des Lebens mit gemütlicher Höhle sucht fleißiges Eichhörnchen, um gemeinsam Nüsse zu knacken."

Aber Adelheid konnte sich nicht richtig vorstellen, wie ein Baum Nüsse knacken sollte.

Die beste Annonce hatte ich in einer Kurzgeschichte von Albrecht Gralle gelesen: „Kerze sucht Flamme, um gemeinsam mit ihr durchzubrennen ..."

Im Lauf der Zeit kamen immer mehr Tipps zustande, sodass wir es wagen konnten, damit an die Öffentlichkeit zu gehen. Einer der wichtigsten Ratschläge, den wir den Paaren mit auf den Weg geben wollten, war, dass man vor allen Dingen zusammen reden muss. Bei uns ist das schon durch Adelheid vorprogrammiert, aber manche Paare schweigen sich oft stundenlang an. Das kann nicht gut gehen.

Auch da hatten wir eine Hilfe parat: `Lesen Sie sich gegenseitig die Zeitung vor, das könnte eine Unterhaltung in Gang bringen.

Wir hatten inzwischen fünf Seiten voll geschrieben, setzten unsere Anzeige in die Zeitung und warteten ab.

Nach einer Woche meldete sich ein Mann bei mir. Ich lud ihn zu uns ein und sah schon auf den ersten Blick, dass er total verklemmt war. Ich war ja vor Adelheid ziemlich schüchtern gewesen, aber dieser Typ war schüchtern hoch zehn. Er saß völlig verkrampft auf der Couch und wenn er mit uns sprach, blickte er penetrant dabei aus dem Fenster, als würde draußen ein Schützenumzug vorbeimarschieren.

Wir redeten dann über Annoncen und ich habe die mit dem Fluss vorgestellt, die ja irgendwie durch Friedrichs Ideen entstanden ist: `Wenn du bei mir einsteigst, bleibe ich nicht dieselbe. Ich will dein Fluss sein, sei du mein Boot'!

Fred Mangold saß jedoch weiter verklemmt auf der Couch, nickte und meinte dann: „Sehr hübsch, Heraklit für eine Annonce zu verwenden."

„Was?“, fragte ich nach.

„Na ja, Heraklit, griechischer Philosoph, 500 v. Chr., vertrat die These, dass alles fließt: *panta rhei.* Er soll gesagt haben: *Niemand steigt zweimal in denselben Fluss*! Ich muss es schließlich wissen, ich bin Philosophiestudent im zwanzigsten Semester.“

Mir fiel die Kinnlade herunter und ich wechselte mit Adelheid einen Blick. Ausgerechnet unser kleiner Friedrich zitiert, ohne es zu wissen, Heraklit und das mit sieben Jahren! Unglaublich!

Manchmal habe ich Wahrheitsanfälle. Ich spüre dann den Drang, anderen die Wahrheit zu sagen. Adelheid kennt das schon und tritt mir dann auf den Fuß.

Ich sah Fred an und bekam auch wieder so eine Anwandlung. Ich sagte: „Tja, lieber Fred, wenn ich ehrlich sein soll (ich bekam einen leisen Stoß gegen das Schienbein) und meinen Eindruck über Sie zusammenfasse, dann denke ich, dass Ihr Problem darin besteht, dass Sie total verklemmt sind. Wenn Sie von diesem Trip nicht runterkommen, sehe ich schwarz für Sie. Das fühle ich ganz tief in mir!“

Fred stand sofort auf. Er wurde etwas rot.

„Also, so direkt hat es bisher keiner gesagt, dann ist es jetzt wohl besser zu gehen. Vielen Dank für die Nichtberatung.“

Er verließ fluchtartig das Haus.

Zuerst war Adelheid etwas aufgebracht, aber ich sagte ihr dann: „An diesem Typen hätten wir uns die Zähne ausgebissen.“

Leider war Fred der Einzige, der uns wegen Partnerschaftsfragen aufsuchte. Irgendetwas hatten wir wohl verkehrt gemacht. Aber eines hatte Fred doch angestoßen: Er hatte mich darauf gebracht, dass ich ein Genie zum Sohn hatte. Seitdem betrachtete ich Friedrich mit ganz anderen Augen.

Als er mal abends in der Wanne saß und ich ihn hinterher abtrocknete, sagte er wieder so einen Satz, der es in sich hatte:

„Du, Papa?"

„Ja. Was ist denn?"

„Wenn man nach dem Baden an der Haut rubbelt, dann ... dann rubbelt man ein bisschen davon ab. Ist das schlimm?"

„Nein, nein. Die Haut wächst ständig nach."

„Im Fernsehen haben sie mal gesagt, dass die Haut nach sieben Jahren völlig neu ist und nichts von der alten übriggeblieben ist. Stimmt das?"

„Na ja, wenn sie's im Fernsehen bringen, wird es wohl stimmen."

„Aber wenn das stimmt, dann ... dann bin ich doch nach sieben Jahren nicht mehr derselbe, oder? Woher weiß ich denn dann, dass ich immer noch Friedrich bin, obwohl ich eine komplett neue Haut habe?"

Ich hielt das Handtuch vor Überraschung in der Luft und dachte wieder an Heraklit und diese Fließgeschichte.

„Tja, weißt du", sagte ich, „das ist letztlich eine Art Geheimnis."

Damit gab sich Friedrich fürs Erste zufrieden. Meine Güte, dachte ich, wenn das so weitergeht, dann kann ich ihn mit zwölf an der Uni anmelden.

Ich brachte ihn ins Bett und weil ich über seine Legos fast gestolpert wäre, räumten wir noch ein bisschen auf. Auch als Friedrich längst eingeschlafen war, räumte ich weiter.

Ich packte gerade seine Märchen-CDs weg, da stutzte ich. Zwischen den CDs entdeckte ich ein Cover, auf dem stand: „Phil, der kleine Philosoph". Darauf war ein Comicjunge abgebildet, der statt einer Schirmmütze einen Lorbeerkranz trug.

Nachdenklich nahm ich die CD mit ins Wohnzimmer,

legte sie ein und hörte staunend zu. Erst kam lustige Musik und dann erzählte so eine Märchenonkelstimme, dass es früher in Griechenland Männer gegeben hatte, deren Beruf es nicht gewesen war, Steine zu klopfen oder Brötchen zu backen, sondern nur nachzudenken.

Dann hörte man geheimnisvolle Harfenklänge und eine Mädchenstimme sagte: „Du, Phil, kannst du mir eben mal den Ball holen?“

Eine Jungenstimme sagte in nachdenklichem Tonfall: „Was ist ein Ball?“

„Na ja, so was Rundes eben.“

„Aber eine Scheibe ist auch rund“, sagte wieder die nachdenkliche Jungenstimme.

„Na ja“, meinte das Mädchen leicht genervt, „ein Ball ist vorn *und* hinten rund.“

„Du meinst“, sagte die nachdenkliche Jungenstimme, „dass der Radius nach allen Seiten gleich lang ist?“

„Kann sein.“

„Aber warum ist ein Ball nicht stachelig, sondern glatt?“

Auf diese Art ging es dann weiter und die Märchenonkelstimme erzählte dann: „Ja, der kleine Philosoph Phil geht den Dingen auf den Grund und fragt immer so fort. Und wenn ihr das nächste Mal über eine Brücke geht, dann bleibt einmal in der Mitte stehen und schaut dem Wasser zu, wie es ununterbrochen fließt. Ihr werdet ein Geheimnis entdecken. Obwohl das Wasser immer weiter fließt und sich dadurch der Fluss ständig ändert, bleibt er dennoch ein Fluss. Oder, wenn ihr nach dem Baden eure Haut abrubbelt, dann denkt einmal darüber nach, wie es ist, wenn ...“

Ich stellte ärgerlich die CD aus. Je länger ich zuhörte, desto mehr nahm meine Bewunderung für Friedrich ab. Aber eines musste man ihm lassen: Er hat zumindest ein gutes Gedächtnis.

13

„So, und nachdem ihr nun die beiden Schnecken getötet habt, liebe Kinder, können wir zusammen eine kleine Beerdigung durchführen. Besorgt euch eine Schachtel, tut die Schnecken hinein und ich werde euch ein interessantes Wort beibringen, das man für die Beerdigung braucht: Kyrieleison, das ist griechisch und bedeutet .... “

Ich stellte den CD-Player aus. Ich hatte mir mehr von der Scheibe erhofft. Aber gut, was kann man erwarten von einer CD, die den Namen trägt: *Ansgar, der kleine Pfarrer?*

Phil, der kleine Philosoph war einfach besser gemacht. Obwohl, eine Sache war ganz gut gewesen bei Ansgar, dem kleinen Pfarrer. Man sollte bei Hochzeiten auch als Pfarrer etwas Helles anziehen, einen hellen Talar zum Beispiel, sonst würde man aus Versehen statt *liebe Traugemeinde, liebe Trauergemeinde* bei der Ansprache sagen.

Ich hatte die CD in der Bücherei bei der Kinderabteilung ausgeliehen. Es gab noch: *Sybille, die kleine Richterin* und *Hartmut, der kleine Bundeskanzler.*

Übrigens hörte ich mir die CD in Boxershorts an. Es war nämlich dermaßen heiß, dass man es nur in alten, kühlen Gemäuern aushielt. In unserem modernen Haus wurde die Hitze unglaublich gespeichert, weil es super isoliert war und die vielen Glasscheiben Licht und Hitze rein-, aber nicht rausließen.

Unsere Kirche war zum Abkühlen ein idealer Ort. Die Sitzungen des Kirchenvorstandes hielten wir seit drei Wochen immer nur im kühlen Kirchenschiff ab.

Es war jetzt schon über einen Monat so heiß und es wurde

zunehmend heißer. Kein Tropfen Regen bisher und überall stöhnten die Landwirte, Förster und Kleingärtner.

Nur bei den Freibädern und den Getränkeherstellern herrschte eine gute Stimmung. Bei den Klimaforschern auch, weil beim letzten strengen Winter niemand mehr so richtig an die globale Erwärmung geglaubt hatte.

Als ich am nächsten Morgen die Bibel aufschlug, las ich zufällig die Geschichte von Elia, der bei einer Trockenzeit um Regen gebetet und es dann danach tatsächlich geregnet hatte. Plötzlich war es mir, als ob ein Licht in meinem Kopf anging und eine Stimme sagte: „Dankwart, bete für Regen und mach es so, dass es alle erfahren!"

Ich war verblüfft. Es war keine laute Stimme gewesen, nur so ein blitzartiger Gedanke, aber trotzdem: Irgendwie war der Gedanke logisch. Ich war Pfarrer, es herrschte eine Trockenheit, ich konnte beten, also: Warum nicht um Regen beten?

Außerdem hatten doch auch schon andere Gebete gut funktioniert, wenn man an das Geld und so dachte.

Adelheid fand das eine geniale Idee. Aber wie sollte ich den mir eingegebenen Satz verstehen, dass alle von dem Gebet erfahren sollten? Müsste ich dafür das Fernsehen oder das Radio herbei holen? Vielleicht den Sender, der die Auferstehung gedreht hatte?

Eigentlich hatte ich dazu keine rechte Lust, denn wahrscheinlich würde wieder Mückenschlag seine dreckigen Finger dazwischenstecken, um das zu verhindern.

Ein Artikel in der Zeitung? Vielleicht. Ich blickte gedankenverloren in die Ecke meines Zimmers und sah, wie sich eine Spinne gerade abseilte.

Da hatte ich eine Idee, die ich einfach umwerfend fand.

Ich besprach sie mit Adelheid. Sie war zuerst nicht davon begeistert, aber ich konnte sie nach und nach überzeugen, dass die Sache völlig ungefährlich sei. Sie erklärte sich schließlich bereit bei den Vorbereitungen zu helfen und rief ihren Nähklub zusammen.

Währenddessen ging ich zur Zeitung und besprach die Aktion mit Frau Fischhaut, die mich ja schon von den früheren Reportagen kannte, zum Beispiel von der Sache mit dem Kindergarten. Sie war sofort davon begeistert und sagte zu ihren Kollegen: „Das wird der Hit!"

Na ja, zwischendurch bekam ich Muffensausen vor meinem eigenen Mut und fragte mich, ob das Ganze wirklich Gottes Auftrag sei. Ich meine nicht das mit dem Gebet, sondern das andere mit der Öffentlichkeit.

Das Blöde ist, man kann nie hundertprozentig sicher sein, wenn Gott redet, ob da nicht die eigenen Wünsche ins Spiel kommen.

Ich stelle mir meistens vor, dass unsere Seelen wie farbiges Knetgummi sind. Da sind viele Farben reingemischt worden und man weiß nicht immer, wo die herkommen.

Neulich habe ich von einem Fernsehprediger gehört, der der Sünde verfallen war, nur weil er gedacht hatte, er hätte die Begabung von Gott bekommen, speziell bei jüngeren, einsamen Frauen Seelsorge zu betreiben.

Er fühlte sich einfach zu diesen Frauen hingezogen und dachte, das wäre ein Hinweis für den Willen Gottes, mehr daraus zu machen.

Seine persönlich engagierte Seelsorge wurde dann eines Tages im Bett fortgeführt, nur weil er meinte, er müsste ganzheitlich helfen und nicht nur an die Seelen denken.

„Mir haben immer die vielen Frauen leid getan", sagte er im Fernsehen, „sie waren jung und einsam und sehnten sich nach Berührungen. Niemand außer mir war da, der ihre himmlischen Körper bewunderte. Deshalb wollte ich da gezielt helfen."

Wie gesagt, es ist nicht immer einfach, den Willen Gottes zu erkennen und manchmal geht das nur, wenn man es ausprobiert und dann feststellt: Okay, das war also nicht der Wille Gottes.

Der Tag des öffentlichen Gebetes rückte näher, die Näharbeiten von Adelheids Nähklub waren abgeschlossen und ich hatte für mich selbst etwas trainiert, um in Form zu sein. So erschien ich also an besagtem Tag auf dem großen Platz, wo sonst der Zirkus seine Zelte aufschlug.

Ein riesiger Kran stand da, ungefähr so hoch wie drei Einfamilienhäuser aufeinander gestapelt.

Viele Leute hatten sich darum herum versammelt und die Zeitung war da und – wie ich jetzt feststellte – auch das Fernsehen. Ich hatte die Leute jedenfalls nicht eingeladen und konnte nur hoffen, dass Mückenschlag nicht dahinter steckte, um womöglich meinen frühen Tod zu dokumentieren.

Ich trug diesmal nicht meinen Talar, sondern nur eine dunkle Jeans und ein schwarzes Kollarhemd, so wie es Pater Brown im Fernsehen trägt, um das Kirchliche zu betonen.

Mit ziemlich weichen Knien stieg ich mit dem Mann, der mich betreute und mit meinem Rucksack in den kleinen, wackligen Aufzug. Je höher wir fuhren, desto kleiner wurde der Platz und die Menschen. Ich bekam wirklich Herzklopfen, als ich an dieses geistliche Bungeejumping dachte.

Aber jetzt gab es kein Zurück mehr.

Wir waren oben angelangt. Der Mann half mir in die Ausrüstung und band um meine Waden und Füße starke Gurte mit richtig großen Karabinerhaken. Die würden nicht aufgehen, ganz bestimmt!

Dann klinkte er das Bungeeband ein. Ich überprüfte meinen Rucksack, in dem sich die Arbeit des Nähklubs befand und öffnete ihn an der Unterseite.

„Sind Sie bereit, Herr Pfarrer?“, fragte der Mann.

Ich nickte stumm.

„Sie müssen sich vorstellen, dass Sie einen Kopfsprung in ein großes Wasserbecken machen ...“

„Nur, dass kein Wasser drin ist“, sagte ich.

„Na ja, dafür haben wir ja das Band. Es reißt wirklich extrem selten.“

Ich schluckte. Extrem selten hieß so viel, wie: „Es gibt Momente, in denen es reißen könnte ...“

„Und Sie haben ja vorher das Papier unterschrieben, dass Sie den Sprung auf eigene Verantwortung unternehmen und nicht gezwungen wurden.“

„Ja.“

„Dann ist ja alles gebongt. Also, ich zähle von zehn ab rückwärts und bei null gebe ich Ihnen dann einen sanften Stoß.“

Während er zählte, betete ich leise ein Vaterunser und dachte daran, dass es vielleicht mein letzter Auftritt oder besser Abtritt war.

Ich hörte: „ ...zwei, eins, null!“, verspürte einen sanften Druck auf der Schulter und sprang.

Es war gigantisch, einfach hinunterzufallen und darauf zu vertrauen, dass das Band einen wieder hochschnellen lässt. Szenen aus meinem Leben liefen ab: Der Pool in der Kirche, wie ich Adelheid kennen gelernt hatte, die Mayonnaiseauferstehung, die Tasche mit dem Geld und merkwürdigerweise der dicke Sänger mit dem Kinnbärtchen, der hin und her gehüpft war und Tierlieder gesungen hatte.

Ich hörte, wie sich das große Transparent entfaltete und nach oben gerissen wurde, Leute applaudierten, der Boden raste auf mich zu. Ich schloss die Augen und wurde plötzlich wie von einer unsichtbaren Faust gehalten und nach oben gezogen, als ob mich Gott höchstpersönlich in letzter Sekunde wegreißt. Einfach toll, obwohl meine Gelenke ziemlich knackten und mir kurz schwarz vor Augen wurde.

Jetzt konnte ich auch das Transparent sehen, dass die Frauen genäht hatten. Es hing unter mir, während ich hoch und runter hüpfte. Ich kannte ja den Inhalt des Transparents, aber die Menge und auch das Fernsehen kannte ihn noch nicht.

Folgende Worte hatten wir uns überlegt: „Gott, lass regnen!"

Das war alles. Damit hing ich nun zwischen Himmel und Erde, schloss die Augen und dankte Gott, dass das Band nicht gerissen war. Ein bisschen kam ich mir wie die Märtyrer der alten Kirche vor, die in die Arena gehetzt und den wilden Tieren vorgeworfen wurden.

Mit schwankenden Knien, einem Brummschädel und leichten Rückenschmerzen stolperte ich anschließend auf Adelheid zu und umarmte sie. Sie war ziemlich erleichtert mich lebendig wiederzuhaben.

„Wie fühlen Sie sich, Herr Pfarrer? Was haben Sie erlebt?"

Ein paar Mikros schwebten vor meinem Mund.

„Ja, es war ziemlich hart, aber auch großartig. Es kam mir vor, als ob Gottes Hand mich kurz vor dem Absturz nach oben gerissen hätte. Und ich dachte an die Märtyrer, die früher den wilden Tieren vorgeworfen wurden."

„Aha", sagte eine Reporterin, „das habe ich verstanden."

Am nächsten Tag stand in der Zeitung: „Pfarrer vergleicht nach seinem Bungeesprung Journalisten mit wilden Tieren."

Da sieht man mal wieder, wie die Zeitungsfritzen einem das Wort im Mund herumdrehen.

Aber das Geniale an der ganzen Sache war: Am nächsten Tag gegen Abend regnete es und hörte kaum mehr auf. Wieder erschien ein Artikel in der gleichen Zeitung. Diesmal aber war er hundertprozentig für mich. Die Überschrift lautete: „Gott hört auf Bungeepfarrer und lässt es regnen!"

Selbst in der Tagesschau konnte man meinen Sprung und das Transparent sehen.

Zwei Tage später bekam ich Eilpost aus Australien. Ein Gouverneur fragte an, ob ich in Australien auch für den Regen springen würde. Sie würden selbstverständlich den Flug und die Hotelkosten zahlen und ein Erfolgshonorar, wenn es innerhalb der nächsten zwei Tage regnen würde.

Ich war ganz aus dem Häuschen und auch Adelheid wurde rot vor Stolz. Wir überlegten ernsthaft, ob wir das Angebot annehmen sollten.

Inzwischen regnete es weiter, es kam zu Überschwemmungen und die Überschrift in den Zeitungen lautete nun: „Bungeepfarrer sorgt für neue Sintflut!"

Wir haben die Reise dann doch nicht gemacht, schon deshalb, weil ich seit fünf Tagen Schwierigkeiten beim Gehen hatte. Auch die Rückenschmerzen wurden stärker, sodass ich schließlich zu Dr. G. Lenk, dem Orthopäden, ging.

„Na, Herr Pfarrer?", sagte er und haute mir auf den Rücken. „Beten kann anstrengend sein, was?"

Ich nickte. „Die Idee mit dem Bungeespringen habe ich von einer Spinne", sagte ich, „es war nicht Gottes Idee."

„Ach, Sie unterhalten sich mit Spinnen?"

Ich lachte. „Nein, aber ich habe eine gesehen, die sich abseilte und da dachte ich ..."

„Tja", meinte Dr. G. Lenk, „der Unterschied zwischen einer Spinne und einem evangelischen Pfarrer ist bekanntlich der, dass Spinnen einfach beweglicher sind."

„Da haben Sie recht", sagte ich, „außerdem sind sie wahrscheinlich auch gelenkiger!" Ich fand das Wortspiel einfach klasse und konnte nicht verstehen, warum Dr. G. Lenk seine Augen nach oben verdrehte und dezent gähnte.

14

Ich weiß nicht, wer als Erster auf die Idee kam, meinen vierzigsten Geburtstag richtig groß zu feiern.

Ich glaube, es war Adelheid, denn ich selbst hasste Geburtstage, insbesondere seit dem Jahr, als meine Geburtstagsgäste nach dem Kartoffelsalat alle in den Scheintod gefallen waren.

Aber Adelheid meinte, ich sollte mich überwinden. So könnte ich den Schock am besten verarbeiten. Ich ließ mich breitschlagen und habe das bis heute nie bereut.

Ich schrieb also in unserer Kirchenzeitung einen kleinen Artikel, dass ich Gott dankbar sei für die letzten 40 Jahre und dass ich Kaffee und Kuchen in unserem großen Gemeinderaum neben der Kirche anbieten würde. Alle, die kommen wollten, seien herzlich dazu eingeladen.

Im Freien war die Party nicht möglich, denn nach den starken Regenfällen, die immer noch anhielten, war der Boden dermaßen aufgeweicht, dass es unmöglich war draußen zu sitzen und man wusste ja auch nicht, ob es nachmittags immer noch regnen würde.

Es gab Anfragen von der Stadt, ob ich nicht dafür beten könnte, dass es mit dem Regen endlich aufhörte. Hatte es heimlich probiert, doch es hatte nichts genützt.

Besonders witzige Leute boten sich an, mir beim Bau einer Arche zu helfen.

Also, man kann ja wirklich den Leuten nichts recht machen. Ist es zu heiß, meckern sie, regnet es zu lange, meckern sie auch. Meine Güte, dann geht man halt mal mit Gummistiefeln nach draußen oder in die Kirche. Und wer stellt schon wertvolle Möbel in den Keller? Man weiß doch, dass die Keller immer mal wieder voll laufen.

Jedenfalls, die Party sollte im großen Gemeinderaum stattfinden und dazu brauchten wir eine Menge Kuchen. Natürlich kam auch Adelheids Tante (also die Tante, die den berühmten, saftigen Käsekuchen mit Rumrosinen liebte). Dazu trudelten noch ein paar Freundinnen von Adelheid aus der Kirchengemeinde und der Nachbarschaft ein. Tagelang wurde gebacken. Friedrich lief mit einer Schürze durch das Haus und durfte beim Teig kneten helfen und Schüsseln auslecken, bis ihm schlecht wurde.

Dann war es soweit. Der große Tag war gekommen. Ich hatte mir inzwischen einen handlichen Stock gekauft, weil das Gehen nach dem Bungeesprung immer noch schmerzhaft war. Dr. G. Lenk hatte zwar vieles an mir ausprobiert, aber nichts hatte angeschlagen. Zum Schluss haute ich Dr. G. Lenk auf den Rücken und sagte: „Na, Herr Doktor, Medizinmann zu sein ist nicht ganz einfach, was?"

Diesmal lachte er nicht.

Adelheid hatte am Kopfende der Tafel um meinen Teller grüne Efeuzweige gelegt und die Zahl vierzig gebacken. Ich war gerührt. Ich saß da und sah mit Erstaunen, dass der Raum immer voller und voller wurde. Schließlich waren wohl alle gekommen, die ich kannte oder die mich kannten. Gerade wollte ich aufstehen, um die Gäste zu begrüßen, da ging die Tür auf und jemand kam herein, mit dem ich überhaupt nicht gerechnet hatte: Dr. Mückenschlag.

Ich war platt. Er besaß tatsächlich die Frechheit hier aufzutauchen. Seine Spione hatten wahrscheinlich unsere Kirchenzeitung gelesen und ihm von der Geburtstagsparty erzählt.

Ich schloss kurz die Augen und schickte ein Stoßgebet zum Himmel, weil ich an den Satz aus der Bibel denken musste: „Liebet eure Feinde!"

Ehrlich gesagt war ich ein bisschen sauer auf Gott, dass er mir gerade diesen Gedanken von der Feindesliebe eingab. Er hätte mir ja auch die Szene eingeben können, wo Jesus mit einer Peitsche die Händler aus dem Tempel getrieben hatte.

Ich sah aus den Augenwinkeln, wie eine Frau, die viel zu freundlich war, Dr. Mückenschlag an einen freien Platz führte. Ich schluckte zweimal, erhob mich und vermied es, in Mückenschlags Richtung zu blicken.

„Liebe Freunde, liebe Gäste, herzlich willkommen alle, die gekommen sind, weil sie mich mögen oder auch, weil sie hauptsächlich Kuchen mögen ..."

Ein freundliche Lachwelle ging durch den Raum.

Das war beabsichtigt, denn ich hatte einmal einen Vortrag gehört, wie man Ansprachen hält und der Referent legte den Hörern ans Herz, zu Anfang etwas Lustiges zu sagen, um das Eis zu brechen.

„Vierzig Jahre", sagte ich, „sind ja nichts im Vergleich mit unserem ältesten Kirchenmitglied, Frau Brummer, die im Oktober siebenundneunzig wird und immer noch fit ist wie ein alter, ausgebeulter Turnschuh!"

Adelheid runzelte leicht die Stirn. Jemand kicherte und eine schrille Stimme rief: „Was hat er über mich gesagt?"

Jemand beugte sich zu Frau Brummer und versuchte sie zu beruhigen.

„Aber", fuhr ich fort, „vierzig Jahre sind im Gegensatz zu einem neugeborenen Baby eine beachtliche Lebenszeit. Um genau zu sein, sind es ja vierzig Jahre mehr. Vierzig, das wissen die Bibelkundigen unter uns, ist eine geheimnisvolle Zahl: Vierzig Jahre irrte das Volk Israel durch die Wüste, vierzig Tage lang hat Jesus gefastet. Das haben wir heute allerdings nicht vor ..."

Einige lachten. Plötzlich fiel mir ein, dass es bei der Sintflut vierzig Tage lang geregnet haben soll. Aber das ließ ich lieber aus. Das hätte uns auf ein Nebengleis geführt. So fuhr ich fort: „Mathematiker unter uns wissen, dass die Zahl vierzig entsteht, wenn man vier mit zehn multipliziert. Vierzig ist zweimal zwanzig oder fünf mal neun minus fünf ..."

„ ...oder achtzig geteilt durch zwei", rief ein Schüler.

„Richtig", nickte ich, „man könnte sogar sagen: hundertzwanzig geteilt durch drei ..."

„Oder hundertsechzig geteilt durch vier!", brüllte wieder der Schüler.

Ich konnte mich gerade noch bremsen, sonst hätte ich gesagt: „ ... oder zweihundert durch fünf."

Statt dessen sagte ich: „Wenn wir hundertzwanzig durch vierzig teilen, haben wir vorhin festgestellt, kommt die Zahl drei heraus und diese Zahl ist besonders hervorzuheben. Drei, das wissen wir, steht für die Dreieinigkeit Gottes. Eine heilige Zahl, eine Zahl der Vollkommenheit."

Ich blickte in Adelheids Richtung und sah, dass sie mit dem Zeigefinger auf ihre Armbanduhr deutete und die Hand demonstrativ vor den Mund hielt. Ich versuchte, meine Rede abzukürzen und sagte: „Auf diese göttliche Einheit, die in der geheimnisvollen Zahl drei liegt, möchte ich gerne anstoßen!" Ich hob meine Kaffeetasse hoch und nickte allen zu. Ein paar der Gäste hoben auch etwas verunsichert ihre Tassen hoch. Jemand kicherte und ein anderer fragte halblaut: „Wo ist der Sekt?"

Ich kam jetzt zu meinem eigentlichen Punkt.

„Aber wer, liebe Freunde, hat es wohl verdient, an diesem Tag besonders erwähnt zu werden? Nein, nicht das Geburtstagskind, denn, ehrlich gesagt, kann ich ja nichts dafür, dass ich geboren wurde und bei der Geburt fast zehn Pfund wog. Zum Leidwesen meiner armen Mutter."

Ich sah, wie ein paar Mütter betreten auf den Boden blickten, aber ich ließ mich davon nicht ablenken.

„Nein, es gibt einen Menschen, dem mein Dank ganz besonders gilt. Das ist meine liebe Frau Adelheid."

Alle klatschten.

„Ohne sie würde ich heute diesen Tag nicht feiern, denn ich persönlich mache mir nichts aus Geburtstagen, besonders seit dem Jahr, als ich meine Gäste aus Versehen vergiftet hatte ..."

Ich merkte, dass ein starkes Gemurmel einsetzte, aber ich erhob meine Stimme und rief: „Das war unbeabsichtigt! Damals ist keinem wirklich etwas passiert, alle leben noch."

Das Gemurmel ebbte ab, ich versuchte, fröhlich zu lachen, aber keiner lachte mit.

„Lassen Sie mich ein Dankgebet sprechen!"

Nach dem Gebet setzte ich mich und gab damit das Zeichen, dass das Kaffeetrinken eröffnet war. Von meiner Nachbarin ließ ich mir ein Stück Schwarzwälder Kirschtorte auf den Teller tun und fing an zu essen, wobei ich ab und zu in die Richtung schielte, wo Mückenschlag sich niedergelassen hatte.

Er saß da, ließ es sich schmecken und unterhielt sich anscheinend blendend.

Was hatte er vor? Warum war er gekommen? Irgend etwas führte er doch im Schilde? Wenn ich nur wüsste, was?

Nach einer halben Stunde etwa fingen die ersten Gäste an, kleine Reden für mich zu schwingen oder etwas Lustiges darzubieten. Drei Jugendliche beispielsweise traten mit drei großen Krügen auf. Sie hatten zumindest das mit der Zahl drei kapiert. In den Krügen war Wasser und sie schütteten unaufhörlich das Wasser von dem einen Krug in den anderen und wieder zurück. Das ging eine ganze Zeit. Dann verneigten sie sich, verschwanden und kamen mit den Krügen wieder zurück und das ganze Wassergießen begann von vorn. Keiner wusste so recht, was das bedeuten sollte.

Zum zweiten Mal verschwanden sie und kamen ein drittes Mal mit ihren Krügen zurück. Ich dachte zuerst, dass das die Hochzeit zu Kana darstellen sollte und dass in den Krügen nun Wein wäre, aber es kam anders: Plötzlich hoben sie auf Kommando die Krüge hoch, zählten bis drei und schütteten das Wasser mit Schwung in meine Richtung. Adelheid und ich duckten uns erschrocken, doch nichts passierte. Die Krüge waren leer gewesen. Das ständige Wasserschütten sollte sich nur einprägen, damit man dachte, dass auch beim dritten Mal Wasser in den Krügen war.

Wir lachten und klatschten Beifall. Obwohl ich bis heute nicht genau weiß, welch tiefere Bedeutung dieses getäuschte Wasserschütten haben sollte. Eine Anspielung auf den Dauerregen vielleicht? Oder wollten sie sagen, dass ich in Wirklichkeit nichts in der Birne hatte? Bei Jugendlichen weiß man ja nie, was sie denken!

Ich wollte mich gerade entspannt zurücklehnen und eine Donauwelle verspeisen, da hörte ich, wie jemand mit einem Löffel gegen ein Glas klopfte. Es wurde ruhig und ich sah mit Entsetzen, dass Mückenschlag aufstand.

Mein Herz fing an, in meiner Brust zu hämmern und ich schluckte, weil mein Mund trocken wurde.

Ich sah ihn an und schon bei seinem Anblick wurde mir

fast übel. Seine fettigen, dunklen Haare fielen ihm strähnig in die Stirn. Wahrscheinlich hatte er sie tagelang nicht gewaschen oder pomadisiert. Es sah ekelhaft aus. Sein Hemd sollte eigentlich weiß sein, schimmerte aber eher gelblich, als ob es ebenfalls zwei Wochen lang nicht gewaschen worden war. Um Mückenschlags Mund spielte ein widerliches Grinsen. Bestimmt hatte er auch starken Mundgeruch.

Ja, das war sein großer Auftritt. Jetzt würde er mich so richtig in die Pfanne hauen. Wahrscheinlich hatte er ja herausbekommen, dass ich der Gelddieb gewesen war. Und der Hass auf mich, weil ich ihm beim Fernsehen die Show gestohlen hatte, war bestimmt auf die Größe eines Hochhauses angewachsen.

„Lieber Pfarrer Dankwart W.“, sagte er und grinste immer noch, „liebe Gäste und Freunde. Wie Sie sicher wissen, kennen Pfarrer Dankwart und ich uns schon längere Zeit. Ich war sein Vorgänger auf seiner ersten Pfarrstelle und später haben wir beim Fernsehen zusammengearbeitet ...“

Ach so nennst du das, du Penner, dachte ich.

„Ich bin gekommen, um diesem außergewöhnlichen Mann am heutigen Tag zu danken.“

Was? Ich hör wohl nicht recht! Irgendeine große Sauerei hast du doch vor. Gib's zu!

Mückenschlag kam auf mich zu, um mir die Hand zu schütteln. Vielleicht hatte er ein Stromkabel irgendwo versteckt und würde mir beim Händeschütteln einen Schlag verpassen! Ich wich instinktiv zurück, stolperte über einen Kinderstuhl und knallte voll auf mein Steißbein. Es tat höllisch weh.

Mückenschlag war sofort da, reichte mir die Hand und zog mich hoch. Ich stand noch etwas wackelig auf den Beinen, wollte zu meinem Stock greifen und merkte mit einem Mal, dass mein Rücken nicht mehr weh tat. Ich ging ein paar Schritte ohne Stock auf und ab. Nichts. Keine Schmerzen mehr!

„Meine Rückenschmerzen sind weg!“, rief ich ganz verdattert und konnte es gar nicht fassen.

„Ein Wunder…!“

Alles klatschte. Die Leute redeten durcheinander und Mückenschlags Gesicht war rot geworden, entweder aus Wut, weil er mir unfreiwillig geholfen hatte oder aus Stolz.

Er klopfte wieder an ein Glas, die Leute beruhigten sich und er fuhr mit seiner schleimigen Stimme fort: „Lahme gehen und Armen wird die frohe Botschaft verkündet!“

Das war ein Bibelzitat. Die Leute schauten Mückenschlag mit großen Augen an.

Das gibt's doch nicht!, dachte ich. *Plötzlich ist Mückenschlag der Star des Nachmittags! Er kommt und heilt Lahme!*

Unbeirrt redete er weiter und ich war dazu verdammt, ihm zuzuhören.

„Meine lieben Schwestern und Brüder“, sagte er, „heute Nachmittag feiern wir den Geburtstag eines Mannes, mit dem ich schon viel erlebt habe ...“

Allerdings!

“Diese kleine Szene einer Heilung ist wie ein Geschenk des Himmels, ein Symbol der Versöhnung. Dankwart W. war oft bei mir im Studio zu einer gemeinsamen Arbeit und ich durfte von seiner Art der Verkündigung viel lernen!“

Holt einen Scheuerlappen! Es trieft vor Schleim.

„Ja, ich weiß, es gab ein paar kleine Unstimmigkeiten zwischen uns, aber die sind längst vergessen, denn Dankwart W. hat mich vor einer großen Dummheit bewahrt.“

Nanu! Was kommt jetzt?

„Ich hatte“, sagte Mückenschlag, „eine größere Summe Geld bekommen und wollte sie gut anlegen und mich vor der Steuer drücken ...“

Wieder erhob sich ein Gemurmel.

„Ja, zu meiner Schande muss ich das gestehen, dass ein

privater Finanzexperte mir ein paar Tipps gegeben hatte, wie ich die Steuern umgehen könnte, allerdings auf nicht legalem Weg.

Doch da tauchte plötzlich Pfarrer W. auf. Genau zur richtigen Zeit. Aus irgendeinem Grund wusste er, wo die Geldtasche war und nahm sie mit, ohne dass ich es gleich gemerkt hätte.

Im ersten Moment war ich verzweifelt gewesen, denn mein ganzes Geld war verschwunden und ich wusste nicht, wo es geblieben war. Endlich, nachdem ich überall herumgefragt hatte, kam heraus, dass Pfarrer W. im Studio gewesen war und der Pförtner hatte ihn mit einer schwarzen Tasche hinausgehen sehen.

Ich verfluchte ihn, das können Sie mir glauben. Vor allen Dingen war es mir rätselhaft, wie er von dem Geld wissen konnte und noch rätselhafter war es, dass er es mitgenommen hatte. Normalerweise stehlen Pfarrer keine Geldtaschen ..."

Es war jetzt absolut ruhig geworden. Alle lauschten hingebungsvoll Mückenschlags Rede.

„Ich wollte gleich am nächsten Morgen hierher fahren, um Dankwart W. zur Rede zu stellen. Aber während ich frühstückte und die Zeitung las, wurde ich fast ohnmächtig, denn dort stand, dass südlich von Hannover eine schwarze Geldtasche mit einer Summe im Zug gefunden worden war, die nur mir gehören konnte. Ich las weiter und erfuhr aus der Zeitung schwarz auf weiß, dass es sich bei dem Geld um Falschgeld gehandelt hatte."

Ein Aufstöhnen ging durch die Reihen. Mückenschlag trank einen Schluck aus meinem Wasserglas und erzählte weiter:

„Da fiel es mir wie Schuppen von den Augen: Dankwart W. wusste um das Falschgeld. Er wurde von Gott geschickt, er nahm die Tasche, ließ sie absichtlich im Zug stehen und so hatte er es geschafft, dass ich nicht kompromittiert wurde, sondern die Nachricht über die Zeitung erhielt. Er hat mich auf seine unaufdringliche Art vor einer großen Dummheit bewahrt. Ich wäre zum Steuersünder geworden und irgendwann wäre mein Name auf einer CD aufgetaucht.

Dankwart W. hatte es verstanden, ohne ein einziges Wort, nur durch seine mutige, selbstlose Tat, mich vor dem Gefängnis zu bewahren. Gott hat mir durch ihn gezeigt, dass mein Herz dem Mammon anhing und befreit werden musste.

An diesem Morgen fiel ein großer Stein von meinem Herzen und seitdem bin ich ein Verehrer von Pfarrer W. Die Stadt kann sich glücklich schätzen, ihn zum Seelsorger zu haben. Er ist ein Mann, der sich unter Lebensgefahr von einem Kran stürzt, damit es wieder regnet ..."

Es war seltsam, ja es war fast wie Magie, wie sich Mückenschlag während er redete, vor meinen Augen verwandelte. Die ekelhaften Haare, die ich anfangs bei ihm gesehen hatte, sahen plötzlich sympathisch und fröhlich aus, sein Hemd schimmerte cremefarben und nicht dreckig und sein Lächeln wirkte so froh und heiter, dass ich ihm unwillkürlich zulächeln musste.

Seine letzten Sätze werde ich wohl nie mehr vergessen, weil sie mich mitten ins Herz trafen.

„Liebe Freunde", rief Mückenschlag zum Schluss aus, „ich weiß, dass unser lieber Pfarrer W. oft unter seiner Erfolglosigkeit gelitten hat. Die Leute, die seinen Predigten aufmerksam gelauscht hatten, machten nicht einmal das Dutzend voll. Viele Aktionen, die er begonnen hatte, liefen ins Leere. Bei einer Kirchengemeinde kam er auf einen

Mitgliederstand von minus vier. Er wurde verleumdet, im Kindergarten als Schläger verteufelt, heruntergemacht. Auch von mir zwischenzeitlich, das gebe ich zu. Aber gerade in seiner Erfolglosigkeit, gerade in seinem menschlichen Abstieg, stieg er nicht in den Untergang, sondern direkt in den Himmel. Denn wie heißt es bei Matthäus fünf: *Glückselig sind die geistlich Armen, denn ihnen gehört das Himmelreich.* So wird Pfarrer W. für uns alle zu einem lebendigen Beispiel, dass bei Gott nicht der menschliche oder geistliche Erfolg zählt, sondern der einzelne Mensch ist vor Gott wertvoll und einmalig."

Mückenschlag kramte nach einem Taschentuch und schnäuzte sich laut. Er war nicht der Einzige, dem die Tränen kamen, auch bei mir, das muss ich gestehen, fingen die Augen an zu brennen und ich musste meine Nase hochziehen, weil ich sie nicht am Tischtuch abwischen wollte. Ich war irgendwie über mich selbst gerührt.

„Liebe Freunde", fuhr Mückenschlag mit belegter Stimme fort, „was kümmert es uns, wenn die Gebete von Pfarrer Dankwart W. so direkt erhört werden und wir nach der großen Hitze einer neuen Sintflut entgegengehen? Was kümmert es uns, wenn unsere Keller volllaufen und wir nasse Füße bekommen?

Auch wenn wir in den Fluten einer neuen Überschwemmung versinken, so bleibt uns doch das Beispiel eines Mannes, der unbeirrt seinen Weg geht, der im Regenmantel und in Gummistiefeln durch die Fluten der Trübsale schreitet. Wenn wir ihn an der Seite haben, unseren neuen Moses, dann werden sich die Fluten teilen und wir werden gemeinsam dem gelobten Land entgegengehen, dem Land, in dem Milch und Honig fließen und ..."

Mückenschlag konnte nicht mehr weitersprechen, weil ihm die Stimme versagte.

Und so war es nun an mir, etwas zu tun. Ich stand auf, ging auf meinen ehemaligen Feind zu und umarmte ihn, auch wenn er nach einem halben Eimer Kölnisch Wasser stank.

Jemand machte ein Bild.

Es war ein Tag, an dem zwei Wunder passierten: Die Heilung eines Mannes, der Rückenschmerzen hatte und die Versöhnung zweier Männer, die Todfeinde gewesen waren.

Auf diese Weise wurde mein vierzigster Geburtstag zu einem Wendepunkt in meinem Leben. Nicht, weil ich danach erfolgreicher war oder weil mir die Arbeit leichter von der Hand ging, sondern weil ich wusste, dass ich, ganz egal, was ich tat oder nicht tat, hier in Krassnik an dem Ort stand, an dem mich Gott hatte haben wollen. Was will man mehr?

ENDE

DANKSAGUNG UND PERSÖNLICHE WORTE

Danken möchte ich meiner Frau Adelheid, die meine handgeschriebenen Notizen unermüdlich, oft bis tief in die Nacht hinein, getippt hat.

Mein Dank gilt besonders Michael Borkowski und Albrecht Gralle, die meine Erlebnisse zusammengestellt, ergänzt und erweitert haben und mich vor vielen Jahren erdacht haben. Ohne sie gäbe es mich nicht.

Außerdem möchte ich noch darauf hinweisen, dass ein Teil des Bucherlöses all den Kindern zugute kommen soll, deren Väter oder Mütter erfolglose Pfarrer sind.

Bitte, meldet euch unter dem Stichwort *Kinder erfolgloser Pfarrer (KEP)* beim Verlag. Und fügt eine Kopie der Erfolglosigkeit eurer Eltern bei (drastische Kirchenaustritte, Verleumdungen in der Presse, Schließung von Gotteshäusern, Stehlen von Kirchenglocken und Orgelpfeifen u. Ä.).

Unbedingt erforderlich sind auch psychiatrische Gutachten, die belegen, dass eure psychischen Störungen (Depressionen, Schizophrenie, ekklesiologische Psychosen u. Ä.) von euren erfolglosen Eltern herrühren. Sonst gibt es kein Geld. Es könnte natürlich auch sein, dass M. Borkowski und A. Gralle das Geld schon verbraucht haben. Da kann man dann nichts machen. Sie wollen ja auch was vom Leben haben.

In diesem Sinne grüße ich Sie alle herzlich:
Ihr Pfarrer Dankwart W.